MIX
Papier aus verantwortungsvollen Quellen
Paper from responsible sources
FSC® C105338

Thomas Harmsen

Familienzentren kompetent managen

Professionelle Herausforderungen und empirische Befunde

disserta
Verlag

Harmsen, Thomas: Familienzentren kompetent managen. Professionelle
Herausforderungen und empirische Befunde, Hamburg, disserta Verlag, 2017

Buch-ISBN: 978-3-95935-378-6
PDF-eBook-ISBN: 978-3-95935-379-3
Druck/Herstellung: disserta Verlag, Hamburg, 2017
Covermotiv: Pixabay.com

Bibliografische Information der Deutschen Nationalbibliothek:
Die Deutsche Nationalbibliothek verzeichnet diese Publikation in der Deutschen
Nationalbibliografie; detaillierte bibliografische Daten sind im Internet über
http://dnb.d-nb.de abrufbar.

Das Werk einschließlich aller seiner Teile ist urheberrechtlich geschützt. Jede Verwertung außerhalb der Grenzen des Urheberrechtsgesetzes ist ohne Zustimmung des Verlages unzulässig und strafbar. Dies gilt insbesondere für Vervielfältigungen, Übersetzungen, Mikroverfilmungen und die Einspeicherung und Bearbeitung in elektronischen Systemen.

Die Wiedergabe von Gebrauchsnamen, Handelsnamen, Warenbezeichnungen usw. in diesem Werk berechtigt auch ohne besondere Kennzeichnung nicht zu der Annahme, dass solche Namen im Sinne der Warenzeichen- und Markenschutz-Gesetzgebung als frei zu betrachten wären und daher von jedermann benutzt werden dürften.

Die Informationen in diesem Werk wurden mit Sorgfalt erarbeitet. Dennoch können Fehler nicht vollständig ausgeschlossen werden und die Diplomica Verlag GmbH, die Autoren oder Übersetzer übernehmen keine juristische Verantwortung oder irgendeine Haftung für evtl. verbliebene fehlerhafte Angaben und deren Folgen.

Alle Rechte vorbehalten

© disserta Verlag, Imprint der Diplomica Verlag GmbH
Hermannstal 119k, 22119 Hamburg
http://www.disserta-verlag.de, Hamburg 2017
Printed in Germany

Inhaltsverzeichnis

1 Einleitung 9

2 Familienzentren in der Kindheitspädagogik
  und Sozialen Arbeit 11

  2.1 Professionstheoretische Einordnung 11

  2.2 Handlungskompetenzmodelle 15

3 Familienzentren in Nordrhein-Westfalen und Niedersachsen 20

  3.1 Nordrhein-Westfalen 20

  3.2 Niedersachsen 21

4 Die Anlage der Studie 23

  4.1 Methodik und Forschungsstil der Grounded Theory 23

  4.2 Die Durchführung der Studie 27

      4.2.1 Datenbasis 27

      4.2.2 Problemzentrierte Leitfadeninterviews 28

5 Komplexitätsmanagement als Kernkompetenz 30

  5.1 Persönliche Kompetenzen 30

  5.2 Organisations- und politikbezogene Kompetenzen 48

  5.3 Teamkompetenz 52

  5.4 Umgang mit strukturellen Rahmenbedingungen 63

      5.4.1 Zeitliche Ressourcen 63

      5.4.2 Räumlichkeiten 73

      5.4.3 Finanzen 80

  5.5 Sozialraumkompetenz 84

  5.6 Netzwerkkompetenz 92

5.7	Alltagsmanagement	104
5.8	Professionelle Handlungskompetenzen	118
	5.8.1 Kompetenzen nach dem Modell Maja Heiners	122
	5.8.2 Kompetenzen nach dem CoRe-Modell	126
	5.8.3 Kompetenzprofil Weiterbildungsinitiative "WiFF"	128
	5.8.4 Kompetenzprofil Sozialmanagement	128
6	**Zusammenfassende Ergebnisse und Schlussfolgerungen**	**131**
Literatur		**135**
Anhang		**139**

1 Einleitung

Familienzentren haben in den letzten Jahren eine erstaunliche Aufmerksamkeit und Akzeptanz in der Öffentlichkeit gefunden. In nahezu jeder Kommune sind sie fester Bestandteil von Bildungs- und Erziehungslandschaften. Die Diskussion um die angemessene Förderung frühkindlicher Bildung und Erziehung hat dazu beigetragen, dass seit ungefähr zwanzig Jahren unterschiedlichste, zumeist an Kindertageseinrichtungen gebundene Organisationsformen entwickelt wurden, die unter dem Leitbegriff „Familienzentren" zusammengefasst werden können. In allen Bundesländern gab oder gibt es entsprechende Modellprojekte, die familien- und sozialraumorientiert Unterstützungs- und Förderangebote für Kinder und Familien etablieren. Im Fokus der öffentlichen und professionellen Wahrnehmung stehen politische, organisatorische und pädagogische Rahmenbedingungen von Familienzentren, ohne dass bereits ein breiter Konsens über bundesweite Standards existiert, auch wenn mit dem Early Excellence Ansatz (EEC) sowie dem Landesprojekt Familienzentren Nordrhein-Westfalen bereits entsprechende Tendenzen erkennbar sind. Familienzentrumsprojekte entstehen bisweilen sehr spontan, mit unzureichendem zeitlichem Vorlauf, wenig Vorkenntnissen und ohne rechtzeitige Einbeziehung aller potentiell relevanten Beteiligten. Paradoxerweise werden die beiden wichtigsten Protagonisten in Familienzentren konsequent vernachlässigt: Die Kinder in den Einrichtungen (was ein lohnenswertes Thema für eine eigene Untersuchung wäre) sowie die dort bereits tätigen Mitarbeiterinnen und Leitungskräfte. Mit der letztgenannten Gruppe beschäftigt sich die vorliegende Studie, ausgehend von der Hypothese, dass sie diejenigen sind, durch die Familienzentren aufgebaut und mit pädagogischen Leben gefüllt werden. In der wissenschaftlichen Diskussion zur Kindheitspädagogik gewinnt das Thema „Leitung" zunehmend an Bedeutung: „Die Leitungsfrage entwickelt sich zusehends zur Zukunftsfrage der Kindertageseinrichtungen" formuliert Matthias Hugoth[1], ohne jedoch einen genaueren Blick auf die Spezifika von Familienzentren zu nehmen. Welche Rahmenbedingungen und Strukturen

---

[1] www.Hugoth_Leitungsperspektive_2014.pdf, Aufruf 24.1.2017

sind für gelingende Familienzentrumsarbeit notwendig, welche professionellen Handlungskompetenzen bringen Leitungskräfte bereits mit, um Familienzentren dauerhaft im Sozialraum zu verankern und welche Unterstützung brauchen sie? In vorliegendem Buch soll diesen Fragestellungen Buch professionstheoretisch und empirisch nachgegangen werden. Die grundsätzlichen Ausführungen zur Professionalität und Handlungskompetenzen von Leitungen in Familienzentren nehmen im ersten Teil Diskussionsstränge aus Kindheitspädagogik und Sozialer Arbeit auf, da Familienzentren quasi die Schnittstelle zwischen beiden Bereichen bilden. Dem Theorieteil folgt der empirische Teil. Er beinhaltet qualitative Interviews mit Leitungskräften aus Niedersachsen und Nordrhein-Westfalen und wird durch weitere Daten ergänzt. Auswertung und Theoriegenerierung erfolgen mit der qualitativen Forschungsmethode der „Grounded Theory". Die gewonnenen Erkenntnisse werden auf die professionellen Handlungskompetenzmodelle übertragen, sodass ansatzweise eine gegenstandsbezogene Theorie zum Management von Familienzentren entsteht. Deren Kerngedanken werden in komprimierter Form abschließend dargestellt.

2 Familienzentren in der Kindheitspädagogik und Sozialen Arbeit

2.1 Professionstheoretische Einordnung

Familienzentren sind professionstheoretisch aus Sicht der Kindheitspädagogik und der Sozialen Arbeit zu betrachten, verknüpfen sie doch die unterschiedlichsten Lebenswelten von Kindertageseinrichtungen, Familien, Schulen und sonstigen Akteuren im Sozialraum. Im Gegensatz zu ihrer praktischen Bedeutung und Präsenz im Internet haben Familienzentren bislang wenig Widerhall in Wissenschaft und Forschung gefunden, sind entsprechende Forschungsergebnisse eher spärlich gesät. Erst in jüngster Zeit erschienen einige Publikationen, die einen Gesamtüberblick bieten (u.a. Engelhardt 2015, Drosten 2015, Schlevogt 2014). Sie sind im Wesentlichen praxisorientiert, thematisieren vorwiegend den „Weg zum Familienzentrum" (Engelhardt 2015). Einen empirischen Zugang zu Familienzentren und deren sozialräumlicher Verortung bietet die Dissertation von Lisa Jares (2016). Die Organisationsform „Familienzentrum" befindet sich aus professionstheoretischer Sicht in einem Vakuum zwischen „Kindheitspädagogik" und „Sozialer Arbeit bzw. Sozialpädagogik". In den einschlägigen Diskursen ist das Thema „Professionalität in Familienzentren" kaum präsent, bestenfalls werden Qualitätsstandards formuliert (so z.B. im Gütesiegel Nordrhein-Westfalen), die professionstheoretisch wenig aussagekräftig sind (vgl. Harmsen 2016). In den professionsorientierten Sammelbänden zur Kindheitspädagogik von Tanja Betz und Peter Cloos (2014), Iris Ruppin (2015) sowie Tina Friederich et al. (2016) finden sich keinerlei eigene Beiträge zu Familienzentren, was angesichts deren quantitativer Bedeutung doch ein wenig verwundert. Lediglich Stefan Maykus (2013) nimmt sich der Familienzentren ausführlicher an, indem er das Teammodell der „Interprofessionalität" auf Familienzentren überträgt. Um eine professionstheoretische Einordnung vornehmen zu können, müssen folglich Professionalisierungsbeiträge aus der Kindertagesbetreuung und der Sozialen Arbeit auf Familienzentren übertragen werden.

Peter Cloos unternimmt in einem neueren zusammenfassenden Beitrag den Versuch einer professionstheoretischen Vergewisserung und

Verortung der Kindertagesbetreuung. Nach seiner Einschätzung haben merkmalstheoretische Professionsmodelle heutzutage keinerlei Relevanz mehr, da sie „vorwiegend deskriptiv und wenig theoretisch fundiert sind" (2016, S. 19) Er unterscheidet analytisch die Ebenen Profession, Professionalität und Professionalisierung. Für die Kindheitspädagogik skizziert er für deren Mikroebene Struktur und Logik professionellen Handelns: „Performativitätstheoretische Zugänge beschreiben, wie professionelles Handeln in Situationen hervorgebracht wird und wie soziale Ordnungen im Vollzug konstituiert werden" (2016, S. 26). Ein derartiger Ansatz betrachtet so verstanden nur die Binnenlogik professionellen Handelns; strukturelle Rahmenbedingungen, die bei Familienzentren eine große Bedeutung haben, können damit nicht erfasst werden. Angesichts einer (noch) wenig entwickelten kindheitspädagogischen Professionsforschung wirft er konsequent die Frage auf, „ob es überhaupt sinnvoll ist, die Frühpädagogik den Professionen zuzuordnen" (Closs 2016, S. 27). Der Sozialen Arbeit schreibt er hingegen Professionsstatus zu (Cloos 2016, S. 27). Familienzentren sind professionstheoretisch in dem Dilemma gefangen, einerseits eng an eine professionalisierungsbedürftige Kindheitspädagogik gekoppelt zu sein, andererseits einen Teil der Profession Soziale Arbeit zu bilden. Verschärft wird diese Zwitterposition durch Praxiskooperationen mit den etablierten Professionen Ärzte, Lehrer oder Theologen. Statusdifferenzen und Handlungsunsicherheiten von Leitungskräften werden durch deren professionellen Habitus im Einzelfall geradezu verstärkt.

Die Soziale Arbeit hat dem Phänomen „Familienzentren" bislang genauso wenig Aufmerksamkeit geschenkt wie die Kindheitspädagogik, beschäftigt sich bestenfalls als Randphänomen der Kinder- und Jugendhilfe damit. In aktuellen Professions- und Professionalisierungsdiskursen der Sozialen Arbeit finden sich unterschiedliche konkurrierende Modelle. In globaler Perspektive versteht sich Soziale Arbeit als Menschenrechtsprofession, konkretisiert in der berufsethischen und wissenschaftlich international verbindlichen Definition Sozialer Arbeit der International Federation of Social Workers (IFSW): „Soziale Arbeit ist eine praxisorientierte Profession und eine wissenschaftliche Disziplin, dessen bzw. deren Ziel die Förderung des sozialen Wandels, der sozialen Entwicklung und des sozialen Zusammenhalts sowie die Stärkung und

Befreiung des Menschen ist. Die Prinzipien der sozialen Gerechtigkeit, die Menschenrechte, gemeinsame Verantwortung und die Achtung der Vielfalt bilden die Grundlagen der Sozialen Arbeit. Gestützt auf Theorien zur Sozialen Arbeit, auf Sozialwissenschaften, Geisteswissenschaften und indigenem Wissen, werden bei der Sozialen Arbeit Menschen und Strukturen eingebunden, um existentielle Herausforderungen zu bewältigen und das Wohlergehen zu verbessern. Die obige Definition kann auf nationaler und/oder regionaler Ebene noch erweitert werden".[2] Die hier formulierten Grundlagen können ohne Einschränkung für professionelles Handeln in Familienzentren gelten.

Zwei etwas ältere Professionsmodelle nehmen - ähnlich dem Performanzmodell in der Kindheitspädagogik - die Binnenstruktur professionellen Handelns in den Blick. Fritz Schütze (1992) schreibt der Sozialen Arbeit angesichts fehlender Autonomie und mannigfachen Paradoxien im professionellen Handeln den Status einer Semiprofession zu. Ulrich Oevermann (2002) stellt das Arbeitsbündnis von Professionellen und Klienten in den Vordergrund, begreift Soziale Arbeit idealerweise als „stellvertretende Konfliktbewältigung".[3] Heiko Kleve (1999, 2000) versteht Soziale Arbeit als eine postmoderne Profession, die durch Uneindeutigkeiten und Ambivalenzen gekennzeichnet ist. Ihre eigentliche Identität ist für ihn die Nicht-Identität; durch sie wird es möglich, auf immer neue gesellschaftliche Herausforderungen situationsangemessen zu reagieren.

Für die Analyse professionellen Handelns von Leitungskräften in Familienzentren sind die angeführten Professionsmodelle mit Ausnahme der Menschenrechtsprofession als ethischer Grundlage wenig hilfreich. Für den neuen Organisationstyp „Familienzentrum" erscheint das reflexive Professionsmodell von Bernd Dewe und Hans-Uwe Otto (2011) geeigneter. Es unterscheidet sich zentral von beruflichen Tätigkeiten durch die Relationierung von Wissen und Können im Kontext dialogischer Prozesse (vgl. Dewe/Otto 2011, S. 1143 ff). Die Verknüpfung von Wissensbeständen, Handlungskompetenzen, Selbstreflexivität (Coaching,

---

[2] https://www.dbsh.de/beruf/definition-der-sozialen-arbeit.html, Aufruf 17.2.2017
[3] In der ursprünglichen Theoriefassung sprach Ulrich Oevermann von „stellvertretender Deutung".

Supervision) und dialogischen Prozessen mit Akteuren in Familienzentren umschreibt gut das Spannungsfeld, in dem sich Leitungskräfte in Familienzentren tagtäglich befinden. Professionelle Organisationen zeichnen sich dadurch grundsätzlich aus, dass sie autonomes, kollegiales und wertgebundenes Handeln ermöglichen. Gerade die Soziale Arbeit bietet in diesem Sinne eine Vielzahl an Handlungskonzepten für Familienzentren. Sozialraumorientierung, Praxisforschung, Familienberatung oder Supervision sind Kernbereiche professionellen Handelns.

Ein Blick in die Praxis lässt schnell erkennen, dass Familienzentren sich bestenfalls am Beginn eines Professionalisierungsprozesses befinden. Ansatzweise professionsbezogene Beiträge zu niedersächsischen Familienzentren finden sich im Herausgeberband von Heike Engelhard (2015). Sie fokussieren allerdings auf Fort- und Weiterbildungsbedarfe angesichts der vielfältigen neuen Aufgaben und haben dabei fast ausschließlich Fachkräfte auf Fachschulniveau im Blick. Professionstheoretisch fundierte Aussagen sind dort nicht zu finden, stattdessen werden unterschiedlichste Aspekte angerissen und normativ zur Disposition gestellt: So sieht Heike Engelhardt ein neues Berufsbild „durch sogenannte KoordinatorInnenstellen in den Einrichtungen" (2015, S. 129) entstehen, ein Missverständnis, dass nur durch fehlende terminologische Präzisierung entstehen kann, handelt es sich doch hier nicht um einen neuen Beruf, sondern ein neues Arbeitsfeld. Immerhin finden sich bei ihr Aussagen zur Rolle und zum Fortbildungsbedarf der Leitungen, denen sie eine hohe Managementkompetenz zumisst, vornehmlich in den Bereichen Sozialraumorientierung, Teamentwicklung, Organisationsentwicklung, Netzwerkkooperationen und Familienarbeit (S. 134). Professionalität wird von ihr in einem alltagssprachlichen Sinne verwandt, wenn sie formuliert, „die Öffnung der Einrichtung in den Sozialraum benötigt eine offene Haltung gegenüber den neuen PartnerInnen und das erfordert eine hohe Professionalität" (S.135). Es fällt auf, dass in der kindheitspädagogischen Professionsforschung „Professionalität und Qualität" wenig analytisch unterschieden werden, Professionalität lediglich dem Ziel der Qualitätsverbesserung zu dienen scheint (u.a. Friederich/Schoyerer 2016, S. 41). Augenfällig wird die Qualitätsfixierung der Kindheitspädagogik im Gütesiegel Familienzentren Nordrhein-Westfalen, einem Qualitätskatalog mit 112 Kriterien, der die dortigen Familienzentren normiert, vergleichbar macht, aber zentrale Elemente von Professionalität, wie Handlungsautonomie oder ethische Codes (wie z.B. im EEC) nicht berücksichtigt. Es darf daher zugespitzt von einer „normierten Pseudoprofessionalität" (Harmsen 2016) gesprochen werden. Familienzentren sind in hohem Maße professionalisierungsbedürftig, finden in der Professionsforschung der Kindheitspädagogik und der Sozialen Arbeit aber so gut wie keine Erwähnung. Im Fokus der weiteren Ausführungen stehen daher nicht nur die vorhandenen Professionalisierungsbestrebungen der Leitungskräfte, sondern vorrangig deren Handlungskompetenzen.

2.2 Handlungskompetenzmodelle

Im Gegensatz zur unklaren professionstheoretischen Verortung lassen sich individualisierte Handlungskompetenzmodelle als Rahmen für die Analyse von Familienzentren und deren Akteure konstruktiv nutzen. Für das vorliegende Forschungsfeld „Familienzentren" liegt hierzu lediglich die bereits erwähnte Dissertation von Lisa Jares (2016) vor. In ihr untersucht sie das sozialräumliche Verständnis in Familienzentren und Kindertageseinrichtungen. Sie unterscheidet unter Kompetenzaspekten zwischen Kindertagesstätten im Sozialraum und Kindertagesstätten als eigenständigen Sozialraum und stellt fest, dass „sozialräumliche Orientierung derzeit in der Frühpädagogik eine Phrase ist, die nicht gefüllt ist" (S. 232). Für die Thematik der vorliegenden Studie bietet sie somit wenig Weiterführendes. Im Folgenden werden daher vier Modelle aus Kindheitspädagogik und Sozialer Arbeit für kompetentes Handeln in Familienzentren übertragen.

Das Modell von Maja Heiner (2010) ist aus Sicht der Sozialen Arbeit am ehesten geeignet, die notwendigen Kompetenzen von Leitungskräften zu systematisieren. Sie unterscheidet „Handlungskompetenz" in drei Dimensionen: „(1) die Berechtigung und Verpflichtung in einem bestimmten Aufgabenbereich tätig zu werden *(Zuständigkeitsdimension)*, (2) die Fähigkeit, komplexe und bedeutende Aufgaben zu bewältigen *(Qualifikationsdimension)* und (3) die Motivation, dies auch zu tun *(Motivationsdimension)*" (2010, S. 52; Kursivdruck im Original, T.H.). Ihr Handlungskompetenzmodell besteht aus bereichsbezogenen und prozessbezogenen Kompetenzmustern (2010, S. 12 ff). Zu den bereichsbezogenen Kompetenzmustern zählt sie:

- Fallkompetenz (bezogen auf das Klientensystem mit seinen jeweiligen Problemen und Ressourcen im sozialen und institutionellen Umfeld)
- Systemkompetenz (bezogen auf die Organisationen und Leistungen des Bildungs- Gesundheits-, Rechts-, Sozial- und Wirtschaftssystem der Fachkraft)
- Selbstkompetenz (bezogen auf die Person der Fachkraft im Hinblick auf Einstellung, Haltung, Qualifikation, Motivation)

Die prozessbezogenen Kompetenzmuster unterteilt sie in:

- Analyse- und Planungskompetenz (Beobachtungs-, Recherche-, Erklärungs- und Prognosekompetenz)
- Interaktions- und Kommunikationskompetenz (Präsentations-, Wahrnehmungs-, Rezeptions-, Einfühlungs-, Strukturierungs-, und Fokussierungs-, Deutungs- und Organisationskompetenz)
- Reflexions- und Evaluationskompetenz (Dokumentations-, Datenanalyse-, Interpretations- und Introspektionskompetenz)

Im Bereich der Kindheitspädagogik bieten sich die Ergebnisse der „CoRe-Studie (Competence Requirements in Early Childhood Education and Care)" (Urban et al. 2012; Friederich/Schoyerer 2016, S. 44-46) an. Ein konkretes Kompetenzprofil für Leitungskräfte in Familienzentren entwickeln Angelika Diller und Regine Schelle unter Rückgriff auf Ergebnisse der „Weiterbildungsinitiative Frühpädagogische Fachkräfte (WIFF)" (2013, S. 38 ff). Die letztgenannten Autorinnen bezeichnen Kompetenz als „das breite Spektrum an Wissen, Fertigkeiten, Werthaltungen, soziale und kommunikative Fähigkeiten" (2013, S. 38), welches stark biografisch geprägt ist.

Die im Auftrag der europäischen Kommission erstellte CoRe-Studie entwickelt auf Grundlage umfangreicher europäischer Datenbestände vier zentrale Kompetenzebenen, die zu einer Professionalisierung der Kindertagesbetreuung führen sollen und entsprechend in Familienzentren anzutreffen sein müssten (vgl. Friederich/Scheuerer 2016 S. 44 ff):

- Individuelle Ebene (pädagogisches Handeln, Biografie, Kompetenz)
- Institutionelle und Team-Ebene (Arbeitsstrukturen und Leitung, Teams)
- Interinstitutionelle Ebene (Träger, Kooperationspartner, Fachberatung)
- Politische Ebene (Arbeitsplatz, Status, Bezahlung)

Für Familienzentren relevante Leitungskompetenzen finden sich vor allem auf den drei letzten Ebenen wieder. Tina Friederich und Gabriel Schoyerer verweisen zwar darauf, dass „die Leitung maßgeblich die Praxis und Kultur in den Einrichtungen" bestimmen (2016, S. 52), konstatieren aber gleichzeitig das Fehlen entsprechender Studien zum Leitungseinfluss. Gleichwohl bieten die vier Ebenen ein brauchbares Analyseraster für Kompetenzprofile von Familienzentrumsleitungen.

Angelika Diller und Regine Schelle übernehmen in ihrem Modell vier Kompetenzebenen aus dem Projekt „Weiterbildungsinitiative Frühpädagogische Fachkräfte" (WiFF) für die Selbstreflexion von Leitungskräften in Familienzentren. Sie unterscheiden zwischen „Wissen, Fertigkeiten, Sozialkompetenz und Selbstkompetenz" (2013, S. 38). Träger von Familienzentren können nach Einschätzung der Autorinnen ebenfalls von dem Kompetenzprofil profitieren und daraus realistische Einschätzungen für den Entwicklungsprozess ihres Familienzentrums ableiten: „Es zeigt, dass die Weiterentwicklung zum Familienzentrum nicht „nebenbei" ablaufen kann, sondern viele Ressourcen bindet und die Leitung in hohem Maße auf allen Ebenen fordert" (2013, S. 38). Die vier Kompetenzen werden in Fachkompetenz (Wissen, Fertigkeiten) und personale Kompetenz (Sozialkompetenz, Selbstkompetenz) aufgeteilt. Sie werden im nächsten Schritt detailliert auf acht Handlungsanforderungen für Leitungskräfte übertragen (vgl. Diller/ Schelle 2013, S. 40-44):

Die Leitung

- klärt die Voraussetzungen für die Weiterentwicklung (Politik, Träger, Team, Weiterbildungsbedarfe, Rechtsgrundlagen, Versicherungen, Finanzen, Räumlichkeiten, Selbstreflexion, Zeitmanagement)
- lernt die Ausgangslage im Sozialraum kennen (Lebensbedingungen, Infrastruktur, Bedarfserkundung, kommunale Daten, differierende Lebensentwürfe und Einschätzungen im Sozialraum)
- Die Leitung beteiligt die Mitarbeiterinnen am Weiterbildungsprozess (Teamdynamik, Supervision, Coaching, Beteiligung, Delegation, Mitarbeiterinnengespräche
- Die Leitung beteiligt die Eltern und Kinder am Weiterentwicklungsprozess (systematische Bedarfsabfrage, Beteiligungsformen, Grenzen der Beteiligung, Dialog, Motivationsarbeit, Vorbildfunktion, Reflexion eigener Vorbehalte gegenüber Wünschen aller Beteiligten)
- Die Leitung setzt Ziele und fachliche Schwerpunkte für das Familienzentrum (Leitbild, Trägererwartungen, Angebote im Sozialraum, Anliegen der Eltern, Gestaltung des Zielfindungsprozesses)
- Die Leitung überarbeitet die schriftliche Konzeption (Kenntnis des Forschungsstandes und der Fachdiskussion, Konzeptionsentwicklung im Team, Verschriftlichung der überarbeiteten Konzeption)
- Die Leitung bindet die Weiterentwicklung ins Qualitätsentwicklungsverfahren ein (Kernprozesse des Familienzentrums, Selbst- und Fremdevaluation, Zufriedenheitsbefragungen bei Eltern und Kindern; Entwicklung von Ablaufdiagrammen und Prüfkriterien im Team)
- Die Leitung baut Kooperationen im Sozialraum auf (Rechtliche Grundlagen, Kontakte zu Organisationen und Personen im Sozialraum, Erwartungsklärungen mit potentiellen Kooperationspartnern, wertschätzende Kommunikation, Dokumentation und Präsentation von Kooperationsinhalten)

Den Abschluss der Handlungskompetenzmodelle bildet das Managementmodell für Organisationen Sozialer Arbeit von Joachim Merchel (2015, S. 287 ff). Er unterscheidet fünf Steuerungsbereiche, denen er jeweils drei prozessbezogene Kompetenzmuster zuordnet. Steuerung findet als *organisationsbezogene, betriebswirtschaftliche, fachliche, mitarbeiterbezogene und als Steuerung der Bezüge zur Umwelt* statt (S. 288). Die prozesshaften Kompetenzmuster umfassen *die Analyse- und Planungskompetenz, die Interaktions- und Kommunikationskompetenz sowie Reflexions- und Evaluationskompetenz.* Die tabellarische Verknüpfung von Steuerungsbereichen und Kompetenzprofilen ergibt fünfzehn Kompetenzanforderungen für das Management von Organisationen im Sozialbereich.

Die vier vorgestellten Handlungskompetenzmodelle dienen bei der folgenden Datenanalyse als Referenzrahmen. Sie bieten die Möglichkeit, den erreichten Grad professioneller Handlungskompetenzen von Leitungskräften in Familienzentren genauer einzuschätzen.

3 Familienzentren in Nordrhein-Westfalen und Niedersachsen

3.1 Nordrhein-Westfalen

Familienzentren sind keine neue Erfindung von Bildungspolitikerinnen oder Wissenschaftlerinnen; als Vorbilder dienen die „Early Excellence Centres" in England. Das erste „Early Excellence Centre" wurde in den 80er Jahren in Corby durch Maggy Whalley gegründet; mittlerweile sind sie dort weit verbreitet (Jares 2016, S. 66-69). In der Bundesrepublik existieren bereits vielfältige Formen von Familien- oder Eltern-Kind-Zentren, wie eine Forschungsübersicht des Deutschen Jugend Instituts zeigt (2004, 2005). Sie bieten „bedarfsgerechte, integrierte Angebote, mit denen Bildungs- und Erziehungsprozesse von Kindern gefördert und Eltern/Familien unterstützt werden" aus (DJI 2005, S. 3). Kindertageseinrichtungen werden zum Dreh- und Angelpunkt unterschiedlichster sozialräumlicher Angebote von Beratung, Familienbildung und Familienhilfe. Die leichte Erreichbarkeit und die Vernetzung unterschiedlicher Akteure vor Ort bilden eine neue Qualität sozialpädagogischer Praxis. Familien kennen viele Mitarbeiterinnen vor Ort bereits und nehmen Unterstützungsangebote dadurch leichter an. Mittlerweile sind in einigen Bundesländern Modellprojekte für Familienzentren entstanden, wobei das Landesprojekt Familienzentren Nordrhein-Westfalen sicherlich als das derzeit quantitativ ambitionierteste gelten kann. Es wurde auf Initiative der Landesregierung unter Federführung des zuständigen Ministers Armin Laschet (CDU) in den Jahren 2005/2006 angedacht und initiiert. Freie Träger und Jugendämter waren in der Planungsphase kaum beteiligt, ein Umstand, der in der Pilotphase zu heftigen Unmut seitens der Verbände und Kommunen führte. Das Ziel dieses Projektes war es, 3000 Kindertageseinrichtungen zu Familienzentren bis zum Jahr 2012 auszubauen. In einer Pilotphase starteten 251 Piloteinrichtungen im Sommer 2006 mit dem Aufbau zum Familienzentrum. Wissenschaftlich begleitet wird das Projekt durch Wolfgang Tietze und sein wissenschaftliches Institut „Pädagogische Qualitätsinformationssysteme" (PädQUIS) an der Freien Universität Berlin. Das Projektmanagement erfolgt durch das Institut für Soziale Arbeit (ISA) in Münster. Jede Piloteinrichtung erhielt während der einjährigen Entwicklungsphase ein externes Coaching und hatte die Möglichkeit, an einem umfangreichen Fortbildungsprogramm teilzunehmen. Am Ende dieses Organisationsentwicklungsprozesses wird ein standardisiertes Gütesiegel verliehen (vgl. Ministerium für Generationen, Familien, Frauen und Integration NRW 2007); damit verbunden war zunächst eine jährliche Zuwendung von 12.000 €, mittlerweile wurde der Rahmen auf 13.000 bzw. 14.000 € erhöht. Familienzentren sind im Kinderbildungsgesetz Nordrhein-Westfalen mittlerweile rechtlich fest verankert; sie können sich alle vier Jahre re-zertifizieren lassen, um weiterhin gefördert zu werden. Die Erfahrungen von Leitungskräften im Landesprojekt hat Sybille Stöbe-Blossey gemeinsam mit Studierenden in einer kleinen qualitativen Studie untersucht (2011). Neben Ergebnissen zu einzelnen Aspekten des Gütesiegels konstatiert sie „Ressourcenengpässe" (S. 22) auf der Leitungsebene: „Vielfach empfinden sie die Leitungsaufgabe für Kita und Familienzentrum als Doppelbelastung; die neuen, auf das Familienzentrum bezogenen Aufgaben mussten in die vorhandene Arbeitszeit integriert werden, ohne dass es zu einer ergänzenden Entlastung (oder Vergütung) gekommen wäre" (2011, S. 21). Verschärft wird die unzureichende personelle Ausstattung durch teilweise fehlende oder zu alte, ungeeignete Räumlichkeiten. Der Umfang des Landesprojektes Nordrhein-Westfalen sowie die mit dem Gütesiegel verbundenen inhaltlichen Kriterien lassen deutlich erkennen, dass sich die professionellen Anforderungen an die beteiligten Berufsgruppen fundamental wandeln. Handelt es sich dabei aber tatsächlich um einen Professionalisierungsschub im Bereich der Kindheitspädagogik oder muss nicht eher von einer politisch verordneten Pseudoprofessionalität (Harmsen 2016) ausgegangen werden?

3.2 Niedersachsen

Im Gegensatz zu Nordrhein-Westfalen sind Familienzentren in Niedersachsen kommunal organisiert und finanziert, wobei durchaus vergleichbare lokale Standards entwickelt wurden. So verzeichnet eine Bestandsaufnahme des Niedersächsischen Instituts für frühkindliche Bildung und Entwicklung (Nifbe) aus dem Jahre 2011 135 bestehende Familienzentren und 150 sich auf dem Weg zum Familienzentren befindliche Einrichtungen.[4] Überregionale Bekanntheit haben die Zentren in Hannover durch ihr auf dem Early Excellence Ansatz basierendes Konzepts erlangt (zusammenfassend Drosten 2015, S. 65-67). Daneben gibt es aber einzelne Projekte, die durchaus Modellcharakter haben können und die regionalen Entwicklungen beeinflussen, wie beispielsweise das Kinder- und Familienzentrum Karlstraße in Wolfenbüttel, oder das Familienzentrum in Aurich, welches durch angemessene finanzielle und räumliche Ausstattung wegweisend für andere Kommunen sein könnte. Erwähnenswert sind weiterhin die Projekte in Osnabrück mit einem eigenen kommunalen Kriterienkatalog für Familienzentren sowie die im Emsland zusammengeschlossenen Familienzentren mit je eigenständigen pädagogischen Konzepten und Qualitätskriterien (vgl. Drosten 2015, S. 79-81). Das Osnabrücker Modell bedient sich dabei einer verkürzten Version des nordrhein-westfälischen Gütesiegels unter Berücksichtigung der Besonderheiten im ländlichen Raum, während die Familienzentren im Emsland großen Wert auf die Koordination ihrer Angebote legen.

---

[4] https://www.nifbe.de/component/themensammlung?view=item&id=176:familienzentren-liegen-im-trend&catid=26

4 Die Anlage der Studie

4.1 Methodik und Forschungsstil der Grounded Theory

Die Erforschung professionellen Handelns von Leitungskräften in Familienzentren erfolgt mit einem qualitativen Forschungsansatz, der „Grounded Theory" von Barney Glaser und Anselm Strauss (1967). Es handelt sich dabei um einen sehr offenen Forschungsstil, der es ermöglicht, in dem recht neuen Feld „Familienzentren" datenbasierte Theoriegenerierung zu ermöglichen. In der Sozialen Arbeit ist sie mittlerweile ein gängiges qualitatives Forschungsverfahren, das anschlussfähig an konstruktivistische und postmoderne Theorien Sozialer Arbeit ist, die Subjektgebundenheit von Wahrnehmung auch für Forschungsprojekte berücksichtigt. Ein konstruktivistisches Verständnis der Grounded Theory, das die subjektive Eingebundenheit von Wissenschaftlerinnen und Wissenschaftlern in den Forschungsgegenstand und Forschungsprozess systematisch berücksichtigen will, bedarf einer (selbst-)reflexiven Grundhaltung, wie sie etwa Franz Breuer entwirft: „Der Forscher bzw. die Forscherin kommt selbst als Subjekt und Person im Kontext der sozialwissenschaftlichen Erkenntnisarbeit vor. Das methodologische Postulat, das aus diesem Grundgedanken folgt, beinhaltet eine selbstreflexive Herangehensweise an die Forschungsarbeit, an ihre physischen, kulturellen, sozialen, persönlichen Ressourcen; …" (2009, S. 115). Der gewählte Forschungsansatz eignet sich für die vorliegende Forschungsarbeit insofern besonders gut, als er ausdrücklich davon ausgeht, dass der Forscher, der sich in dem Feld bewegt, auf umfangreiches Kontextwissen zurückgreifen kann. Im vorliegenden Fall ist der Autor in unterschiedlichen Rollen mit dem Thema befasst: Als Coach, Wissenschaftler, Hochschullehrer und Vater. Aus diesen unterschiedlichen Perspektiven ist es möglich, verschiedene Datenquellen miteinander in Verbindung zu bringen und zu analysieren. Sie werden in Relation zu theoretischen Vorkenntnissen, Fachliteratur oder Kontextwissen des Forschenden gesetzt und systematisiert. Letztendlich entsteht eine konzeptionell dichte Theorie über Familienzentren. Deren Gütekriterien" lassen sich allgemein als „Signifikanz, Vereinbarkeit von Theorie und Beobachtung, Verallgemeinerbarkeit, Reproduzierbarkeit, Präzision, Regelgeleitetheit und

Verifizierbarkeit" bestimmen (Corbin/Strauss 1996, S. 18). Einige wenige zentrale Leitsätze sind - trotz aller Offenheit der Methodik - für die praktische Forschungsarbeit unumgänglich, da sie das Besondere dieses Forschungsstils ausmachen:

- Daten können sehr unterschiedliche Formen haben. Im Prinzip sind alle relevanten Informationen zu einem bestimmten Gegenstandsbereich als Datenquellen denkbar
- Daten sind beispielsweise Interviews, Beobachtungen, Dokumentationen, Filme, Internetquellen
- Datensammlung und Dateninterpretation erfolgen nicht nacheinander, sondern zeitgleich
- Es ist jederzeit möglich, auf alte Daten zurückzugreifen und sie neu in Beziehung zu anderen Quellen zu setzen

Dieses zirkuläre Verfahren ermöglicht eine analytische Dichte, die bei der Integration der kodierten Daten hilfreich ist. Der Prozess der Datensammlung und Dateninterpretation ist nie endgültig abgeschlossen. Selbst bei der Formulierung des Forschungsberichtes kann theoretisch noch auf neue Daten eingegangen werden, die wiederum der Kodierung zugeführt werden. Die Grounded Theory ist grundsätzlich prozesshaft-zirkulär angelegt. Geordnet wird dieses Verfahren durch ein permanentes Verfassen von Memos, die in Theoriememos, Prozessmemos oder methodische Memos unterschieden werden. Die Organisation unterschiedlicher Daten und Memos führt zu komplexen Verknüpfungen, die in die Theoriebildung einfließen. Im Wesentlichen beruht die Datenerhebung auf einem Konzept-Indikator-Modell: „Alltagsweltliche Phänomene in Form empirischer Daten werden als Indikatoren, als Anzeichen für etwas Allgemeineres, Grundlegenderes verstanden" (Breuer 2009, S. 71). Zentral ist der Prozess des Kodierens. Dieses Verfahren bildet den Kern der Entwicklung einer gegenstandsbezogenen Theorie. Kodieren ist ein allgemeiner Begriff für den Prozess der Datenanalyse. Er bedeutet, „dass man über Kategorien und deren Zusammenhänge Fragen stellt und vorläufige Antworten (Hypothesen) darauf gibt. Ein Kode ist ein Ergebnis dieser Analyse" (Strauss 1994, S. 48). Erleichtert wird die Kodiertätigkeit durch ein Kodierparadigma. Es beinhaltet in seiner ursprünglichen Form vier Reflexionsebenen (vgl. Strauss 1994, S. 57):

- Bedingungen, die auf ein Phänomen hinweisen
- Interaktionen zwischen den Akteuren
- Strategien und Taktiken
- Konsequenzen

Durch den Prozess des Kodierens können mehrere Indikatoren zu einem Konzept zusammengefasst werden. Entscheidend für die Güte eines Forschungsprojekts ist daher nicht die Anzahl der Datenquellen, sondern die konzeptionelle Verknüpfung der Kategorien. Unterschieden wird zwischen, dem offenen, axialen und selektiven Kodieren.

Offenes Kodieren ist „der Prozess des Aufbrechens, Untersuchens, Vergleichens, Konzeptualisierens und Kategorisierens von Daten" (Strauss/Corbin 1996, S. 43). Die Datenquellen werden möglichst Zeile für Zeile analysiert, um Konzepte zu bilden, die abstrahiert zur Kategorienbildung führen. Methodisch werden dabei einzelne Daten mit anderen Quellen verglichen und systematisch theoriegenerierende Fragen gestellt. Als hilfreich haben sich „in-vivo-codes" erwiesen. Es handelt sich dabei um im Text vorhandene umgangssprachliche Formulierungen, die auf ein bestimmtes Phänomen verweisen. Sie sind vorläufige Kodierbezeichnungen. Grundsätzlich ist es auch möglich, theoretische Kodes auf Basis der jeweiligen Disziplin zu wählen, allerdings besteht in diesem Fall die Gefahr, die Kodierung zu eng zu fassen. Wenn keine neuen Aspekte mehr sichtbar werden, gilt ein Kode als gesättigt. Die konzeptionelle Bezeichnung ist frei wählbar und jederzeit veränderbar. Innerhalb kurzer Zeit entsteht beim offenen Kodieren eine Vielzahl von Konzepten. Sofern sie auf dasselbe Phänomen verweisen, können sie zu einer Kategorie gruppiert und mit einer abstrakteren Bezeichnung versehen werden. Innerhalb einer Kategorie kann nun nach Eigenschaften und deren dimensionalen Ausprägungen unterschieden werden. Auf diese Weise entstehen für Kategorien bestimmte Muster, die wiederum vergleichbar sind. Es wird in der Forschungspraxis recht schnell deutlich, dass dieses Verfahren sehr komplex ist und der bzw. die Forschende leicht den Überblick verlieren kann. Theorie-Memos bzw. Kode-Notizen sollen dabei helfen, die analytische Arbeit zu forcieren und die Ebene der Daten zu verlassen. Sie bilden für die späteren integrativen Arbeitsschritte eine wichtige Grundlage. Im Laufe der Kodiertätigkeit ist es auch möglich, nicht mehr Zeile für Zeile zu kodieren, sondern ganze Abschnitte. Diese Vorgehensweise bietet sich an, wenn in den Daten keine neuen Aspekte mehr sichtbar werden oder aber Materialien sich als nicht sonderlich brauchbar erweisen.

„Das *axiale Kodieren* umfasst Verfahren, die Verbindungen zwischen einzelnen Kategorien mit Hilfe des Kodierparadigmas ermöglichen, bzw. Kategorien neu systematisieren und Subkategorien aufeinander beziehen. Der Begriff axiales Kodieren ist für diesen Vorgang zutreffend, weil sich die Analyse um die „*Achse einer Kategorie dreht*" (Strauss 1994, S. 63. Kursivdruck im Original, T.H.). Offenes und axiales Kodieren wechseln sich in der Forschungspraxis ab, da die Verifizierung von Kategorien immer wieder im Rückgriff auf die Daten erfolgen muss. Gleichzeitig erfolgt eine Verknüpfung von Eigenschaften und Dimensionen einer Kategorie. Ansatzweise werden hier erste Verbindungen zu einer oder mehreren Schlüsselkategorien hergestellt. Die verifizierten Kategorien bilden den Fundus der entstehenden Theorie.

Mit dem *selektiven Kodieren* beginnt „der Prozess des Auswählens der Kernkategorie, des systematischen In-Beziehung-Setzens der Kernkategorie mit anderen Kategorien, der Validierung dieser Beziehungen und des Auffüllens von Kategorien, die einer weiteren Verfeinerung und Entwicklung bedürfen" (Strauss/Corbin 1996, S. 94). Memos, Diagramme und Grafiken werden integriert und in ihrer Bedeutung für eine oder mehrere Kernkategorien hin überprüft. Kernkategorien repräsentieren zentrale Phänomene, stehen in Beziehung zu vielen anderen Kategorien und erlauben eine maximale Variation von Verbindungen einzelner Eigenschaften und Dimensionen. Gleichzeitig bieten sie die Möglichkeit, jenseits einer gegenstandsbezogenen Theorie auch eine abstrakte formale Theorie zumindest in Ansätzen zu begründen. Ist eine Kernkategorie entwickelt worden - in der vorliegenden Studie ist es „Komplexitätsmanagement" - können andere Kategorien mit ihren Eigenschaften und Dimensionen darauf bezogen werden. So entstehen Muster, die den Rahmen des Forschungsberichtes bilden. Die sich anschließende Integrationsarbeit beruht auf den gesammelten und sortierten Memos, den

Kodierungen sowie den eventuell erstellten Grafiken und Diagrammen. Im hier erstellten Forschungsbericht dienen umfangreiche Zitate aus den Interviews zur Verdeutlichung konkreter in Familienzentren gefundener Phänomene und gemachter Erfahrungen. Die gebildeten Kategorien werden mit Fundstellen aus der Fachliteratur zur Kindheitspädagogik und Sozialen Arbeit verknüpft und entsprechend dargestellt.

4.2 Die Durchführung der Studie

4.2.1 Datenbasis

Entsprechend der methodischen Vorgaben der Grounded Theory wurden unterschiedliche Datenformen miteinander verknüpft und systematisch verglichen - hierzu zählt ausdrücklich auch das umfangreiche Kontextwissen des Forschers zu Familienzentren. Den Kern der Daten bilden leitfadengestützte, problemzentrierte Interviews mit Leitungen und Koordinatorinnen aus fünfzehn Familienzentren in Niedersachsen und Nordrhein-Westfalen. Angeschrieben wurden insgesamt neunundzwanzig Zentren, wobei an Hand der Internetdarstellungen auf eine größtmögliche konzeptionelle Breite und regionale Unterschiedlichkeit Wert gelegt wurde. Eine Besonderheit ergab sich durch die Tatsache, dass Familienzentren ab September 2015 sehr stark mit Aufgaben im Kontext der Flüchtlingskrise betraut wurden und dadurch für Interviews nicht mehr zur Verfügung standen. Die Interviews fanden in den Jahren 2015 und 2016 statt. Insgesamt führte das offene Kodieren zu 712 Indikatoren, die durch axiales Kodieren zu acht Kategorien zusammengefasst wurden. Im selektiven Kodieren wurde schlussendlich die Zentralkategorie „Komplexitätsmanagement" entwickelt. Für die Auswertung standen weitere Daten in Form von Memos zur Verfügung:

- Memos im Anschluss an Fachvorträge des Autors zu Familienzentren
- Memos im Kontext von vierzig Coachingprozessen in Familienzentren in den Jahren 2007 - 2016
- Memos im Zusammenhang mit Interviewsituationen

Zusätzlich flossen folgende Daten in die Studie ein:

- Ergebnisse aus vier Bachelorarbeiten zum Thema Familienzentren an der Fakultät Soziale Arbeit der Ostfalia in Wolfenbüttel
- Materialien, Hausarbeiten und Diskussionsbeiträge von Studierenden aus dem Projektstudium „Stadtteil- und Familienzentren", das durch den Forschenden seit 2012 an der Fakultät Soziale Arbeit in Wolfenbüttel in jedem Semester durchgeführt wird.

4.2.2 Problemzentrierte Leitfadeninterviews

Das problemzentrierte Interview ist eine teilstrukturierte Methode der Datenerhebung. Sie geht auf Andreas Witzel (1996) zurück und ermöglicht eine Kombination mit anderen Erhebungsformen. Es basiert auf einem vorläufigen theoretischen Konzept, das sich aus Vorwissen des Forschenden, Literaturstudium und Ergebnissen aus bereits durchgeführten Studien zum Thema zusammensetzt. Die entscheidenden Fragestellungen des Forschungsthemas werden in einen Interviewleitfaden umgesetzt, der die Struktur des Interviews vorgibt. Gleichzeitig soll die Gesprächsführung flexibel gestaltet werden, sodass narrative Passagen für die Interviewpartner möglich bleiben. Ergänzt werden die Interviews durch Kurzfragebögen, in denen die wichtigsten demographischen Daten der Befragten erfasst werden.

Der Leitfaden besteht aus vierzehn Fragen, die sich insbesondere auf den Zugang zu Leitungspositionen, Aufgabenbereiche, Kooperationen, persönliche Kompetenzen sowie strukturelle Rahmenbedingungen beziehen:

1. *Können Sie sich noch daran erinnern, wie es für Sie war, als Sie das erste Mal gefragt wurden, Leiterin (Koordinatorin) eines Familienzentrums zu werden?*
2. *Hatten Sie damals bereits eine konkrete Vorstellung, welche Aufgaben auf Sie zukommen würden?*
3. *Wurden Sie auf Ihre Aufgabe als Leiterin eines Familienzentrums vorbereitet?*
4. *Wie sah diese Vorbereitung aus?*
5. *Welche Unterstützung hätten Sie sich damals (noch) gewünscht?*

6. *Wenn Sie an Ihre heutige Situation als Leiterin des Familienzentrums denken - was sind für Sie die größten Herausforderungen?*
7. *Mit welchen konkreten Themen sind Sie insbesondere beschäftigt?*
8. *Wie erleben Sie die Zusammenarbeit mit den Besuchern Ihres Familienzentrums?*
9. *Wie erleben Sie die Zusammenarbeit mit Ihren Mitarbeiterinnen?*
10. *Wie gestalten sich die Kooperationen mit den Netzwerkpartnern?*
11. *Sind die finanziellen, sachlichen und räumlichen Gegebenheiten für Ihre Aufgaben ausreichend?*
12. *Habe Sie ausreichend Zeit für Ihre Leitungsaufgaben?*
13. *Angenommen, Sie hätten die Möglichkeit, Ihre Leitungsaufgaben optimal zu gestalten, wie würde Ihre Stelle als Leiterin aussehen?*
14. *Wenn Sie an Ihre Zukunft im Familienzentrum denken - wie wird sie aussehen?*

Die Interviews wurden von einer studentischen Mitarbeiterin transkribiert und mit Hilfe des Programms „maxqda 12" - Software für qualitative Forschung - ausgewertet.

5 Komplexitätsmanagement als Kernkompetenz

Ohne das große Engagement von Leitungskräften und deren Aufgeschlossenheit für neue fachliche Entwicklungen in Kindheitspädagogik und Sozialer Arbeit würden Familienzentren in der heutigen Form und Quantität weder in Niedersachsen noch in Nordrhein-Westfalen existieren. Die in der vorliegenden Studie nachgewiesenen Handlungskompetenzen von Leitungskräften sind außerordentlich vielfältig und können im Sinne einer Kernkategorie als „Komplexitätsmanagement" bezeichnet werden. Von den ersten Überlegungen zum Aufbau eines Familienzentrums bis hin zur dauerhaften Bewältigung des Familienzentrumsalltags erfordert die Leitung eines derartigen Zentrums eine Vielzahl verschiedener Kompetenzen mit Managementcharakter, ein Phänomen, dass sich auch in der hohen Zahl an Kategorien in den Interviews (n = 712) widerspiegelt. Im Landesprojekt Familienzentren Nordrhein-Westfalen ist der Umgang mit Komplexität geradezu zwangsläufig, da die Zertifizierung und die damit verbundene Zuweisung von Landesmitteln an die Erfüllung der Kriterien eines umfangreichen Gütesiegels geknüpft werden. In Niedersachsen entsteht Komplexität auf kommunaler Ebene durch entsprechende Vorgaben von Politik und Trägern, in vielen Fällen verbunden mit dem Wunsch oder der Vorgabe, nach dem Early Excellence Ansatz zu arbeiten. Das Komplexitätsmanagement erschöpft sich nicht in der Erfüllung formaler Vorgaben. Familienzentrumsaufbau und Familienzentrumsalltag sind durch eine Vielzahl an Aufgaben und Herausforderungen gekennzeichnet, deren zentrale Kategorien sowohl in Niedersachsen wie auch Nordrhein-Westfalen trotz sehr unterschiedlicher Rahmenbedingungen in ähnlicher Weise vorzufinden sind.

5.1 Persönliche Kompetenzen

Die Idee ein Familienzentrum aufzubauen und dessen Leitung zu übernehmen, erfolgt in etlichen Fällen eher zufällig und mit wenigen Vorstellungen über die anstehenden Herausforderungen. Dies betrifft sowohl die potentiellen Leitungskräfte wie auch die Verantwortlichen auf Trägerseite und kommunaler Politik. Speziell im nordrhein-westfälischen Modell ist eine formelle Bewerbung vorgesehen, sodass die Trägervertreter in der Gründungsphase eine entscheidende Rolle spielen:

„Verbundleitung ist man ja erst mal für die Kitas und dann in der Folge für die Familienzentren. Ähm, als ich an (k) hin (k) an (k) hingekommen bin war das so, dass man sich beworben hatte fürs Familienzentrum, aber es lag so brach nen halbes Jahr. Es hat sich so keiner drum gekümmert und es war so, dass (k)ähm das Interesse eher beim Träger war, also bei dem Pastoralreferenten und dem Pastor, dem leitenden, als in der Mitarbeiterschaft, also bei den Pädagogen" (Frau I 5-10).

Diese Unklarheit zu Projektbeginn führt oftmals zu Irritationen, da das Landesprojekt relativ kurzfristig durch die damalige Landesregierung top down implementiert wurde, ohne die freie Wohlfahrtspflege und die kommunalen Spitzenverbände angemessen zu beteiligen. Den jeweiligen Trägern vor Ort blieb nur die Wahl, die Kriterien des Gütesiegels zu akzeptieren und umzusetzen oder sich von der Idee eines eigenen Familienzentrums zu verabschieden. Die Auswahl der neuen Familienzentren erfolgt mittlerweile durch die örtlichen Jugendhilfeträger, sodass Leitungskräfte und Trägervertreter gemeinsam agieren müssen und bisweilen sehr spontane Entscheidungen getroffen werden:

„Ich wurde nicht gefragt (lacht). Ähm, bei uns (..) ist das so gewesen (-) Ich habe 2002 hier angefangen, als Leitung einer Kita, drei Kindergartengruppen, eine Hortgruppe und ähm hab mich versucht hier einzuarbeiten. Ich kam nicht aus B., wie gesagt ich kam aus O. kam aber (k), oder kannte interkulturelle äh Kindertagesstätten" (Frau J 4-11).

„Ich glaube (,) da bin ich äh gar nicht gefragt wurden, sondern ich hab' äh irgendwo her davon gehört. Äh, ich meine in der aller ersten Bewerbungsphase, hab' ich schon mit dem Gedanken gespielt, ich bin aber nicht sicher, ob ich da ne Bewerbung losgeschickt hab, dass weiß ich gar nicht mehr..." (Frau O 5-8).

Frau B. wurde durch ihren Vorgesetzten geradezu mit der Idee des Familienzentrums überrumpelt und befand sich zunächst in einem Zustand des absoluten Nicht-Wissens:

„Ich hab' (..) als das Gespräch mit meinem Chef war, habe ich nur gesagt, Hä (-), was soll ich da jetzt machen? (..) war mir überhaupt nicht klar, ich bin dann nach Hause gefahren und hab erst mal im Internet gegoogelt und äh was ist das überhaupt und bin dann natürlich auch auf Nordrhein-Westfalen gekommen und dachte och naja eigentlich ist das ne ganz tolle Stelle und da freue ich mich drauf und da mag ich mich total gerne drauf einlassen und mhm (..) ist auch total mein Ding" (Frau B 27-32).

Die Initiative geht zum Großteil von motivierten Sozialpädagoginnen oder Erzieherinnen mit langjähriger Berufserfahrung aus, die in irgendeiner Form vom Modell „Familienzentren" erfahren haben und nun ein eigenes aufbauen wollen. Einige Leiterinnen haben sich ganz bewusst und gezielt für Familienzentren entschieden bzw. beworben:

„Naja, das (,) das war bei mir ja so, dass ich mich drauf beworben hab auf die Stelle also insofern ähm war es ja eine bewusste Entscheidung diesen Schritt zu gehen und als die Zusage kam äh habe ich mich sehr gefreut, weil in diesem Fall ja auch das Familienzentrum komplett neu aufgebaut wurde" (Frau H 7-10).

„... das war äh bevor ich hier (k) bevor ich hier dann die Zusage kriegte schon eine Ausschreibung und mich interessierte damals schon ähm das (k) äh generell der Begriff und die Inhalte eines Familienzentrums (,) hab' ich mich auch beworben, bin aber nicht genommen worden... das ist schon äh zwei Jahre ge (k) bevor ich dann letztendlich hier startete gewesen. (..) Man hat dann äh eine andere Bewerberin genommen, die hier mehr bekannt war und eben auch äh vom katholischen Träger eingestellt wurde. Ich nehme an, weil sie auch äh die Konfession hatte" (Frau C 5-13).

„... das war bei uns im Haus ähm, äh, äh die Frage relativ schnell, nachdem die Entscheidung in Team klar war, dass wir Familienzentrum werden, ähm gab es sozusagen zwei Personen bei uns im Haus, die für zwei Stellen infrage kamen (,) eine Stelle war, die

ähm stellvertretene Kitaleitung gekoppelt mit der heilpädagogischen Stelle und die andere Stelle war, die der Koordinatorin und ähm es sind zwei Kolleginnen, also ich und eine andere, gefragt wurden und ähm für mich war relativ klar, wenn ne Veränderung, dann möchte ich gerne in die Koordination gehen und das Neue sozusagen mit aufbauen von Anfang an" (Frau D 7-14).

„Das überlege ich mir erst mal ganz in Ruhe, ich sage dir dann Bescheid. Ich hab mich dann natürlich informiert (,) ich kannte ja auch meine Kollegin, die bis dato das Familienzentrum, dass hier in unsere Kita integriert ist ähm geleitet hatte und hab mich denn informiert und überlegt und hab mich dann dafür entschieden diese Stelle anzunehmen und mich dazu für (k) zu bewerben, weil ich äh gerne was Neues mache und weil ich ja wirklich mehr Verantwortung noch haben möchte, nen größeres Haus und mit mehr Mitarbeitern, noch ein zusätzliches Aufgabengebiet zu der Kita eben, dieses ganze Familienzentrum für die Samtgemeinde W." (Frau A 17-24).

Nicht untypisch war die Ausgangssituation von Frau H., die einerseits ihren Vorgesetzten von der Familienzentrumsidee überzeugen musste und sich andererseits gleichzeitig in einem formalen Bewerbungsverfahren befand:

„Wir haben zuerst die Arbeit eines Familienzentrums gemacht. Dann hab' ich von der Möglichkeit gehört, dass man sich bewerben kann und dann ich meiner Chefetage das vorgeschlagen (holt Luft) ähm (,) und bin erst mal gegen Widerstände gestoßen (lacht)" (Frau O 20-23).

„Äh, ich (k) eigentlich bin ich auf die Kirchengemeinde zugegangen und hab gesagt wir möchten gerne Familienzentrum werden. Wir wären es nämlich nicht mehr geworden. Wir wären die Letzten gewesen, weil wir nah dran sind am Stadtkern äh und erst mal die Außenbezirke ein Familienzentrum bekommen sollten Ich hatte konkrete Aufs (k) Vorstellungen, was ein Familienzentrum ist, die stimmten allerdings nicht ganz genau überein mit dem, was dann

Gütesiegel Nordrhein-Westfalen als Familienzentrum definiert hat...." (Frau E 7-19).

„... ich sage mal so (,) es war eigentlich meine Idee Leitung eines Kinder - und Familienzentrums zu werden, weil wir eine Kindertagesstätte hier haben mit acht Gruppen waren und wir damals, das erste Mal 2007 von Early Excellence gehört haben (-) eigentlich ich als Leitung überlegt habe, mhm, das ist eigentlich so unser Ding, sag ich mal..." (Frau M 4-7).

„... 2009 wurde das Familienzentrum aufgebaut hier, ich bin erst seit seit 2011 dazu (..) gestoßen und seit 2013 hab' ich die Leitung und als ich damals gefragt wurde, ob ich die Leitung übernehme war das für mich klar" (Frau N 5-8).

Teilweise werden bereits vorher Angebote gemacht, die der Arbeitsweise eines Familienzentrums recht nahekommen oder Kitaleitungen auf entsprechende Vorkenntnisse zurückgreifen konnten:

„... daher gab es diese zwei großen Arbeitsfelder, die ähm inhaltliche, pädagogische und ähm ja Weiterentwicklung zum Familienzentrum, in der ich mich relativ sicher gefühlt habe, weil wir auch als, als normale Kita schon ganz viele Anteile vom Familienzentrum hatten, ich auch ähm im Stadtteil als Erzieherin schon sehr vernetzt gearbeitet habe..." (Frau D 29-33).

„(Vorerfahrungen T.H.) ... hatte ich, weil ich mich äh als Fachberaterin für Kindergärten, die ich damals war, mit Familienzentren schon beschäftigt hatte und sogar äh eben auch die Kindergartenleiterinnen ähm äh fortgebildet habe" (Frau C 16-19).

„Ich wusste das, was für Aufgaben auf mich zukamen, weil ich auch seit dem Beginn meiner Ausbildung immer in einem Familienzentrum gearbeitet hab ..." (Herr F 27-32).

„Das war alles nichts Neues. Wir hatten immer schon auch nen Familienbildungsangebot (,) ähm wir haben auch schon im Rahmen dessen, was damals so war, damals gab's ja noch keine ähm Tagespflege in dem Sinn, aber auch hier über Familien und über Caritas und alles was es so schon gege (k) gab äh auch mal Be-

treuung organisiert, oder auch schon hier in der Einrichtung irgendwelche Leute angesprochen, wer macht denn wohl vielleicht so was (-), und (k) also es gab das alles in irgendeiner Form hier schon, es sollte eigentlich nur noch der Stempel drauf (lacht)" (Frau E 25-28).

Eine Vorbereitung seitens des Anstellungsträgers fand nur in wenigen Fällen systematisch statt, ansonsten sind die Leitungen wie Frau C. im Wesentlichen auf sich allein gestellt, was für den Aufbau eines Familienzentrums eine ungünstige Konstellation darstellt.

„Ich hab' mich selbst vorbereitet, (..) indem ich eben auch mich damit beschäftigt habe und andere Kinder (k) ähm andere Einrichtungen besucht habe. Nein, ansonsten äh von anderen wurde ich nicht vorbereitet ..." (Frau C 23-27).

Einige Leiterinnen wurden gezielt angesprochen. Bei Frau L. etwa erfolgte eine direkte Ansprache seitens der Jugendamtsleiterin, wenn auch in einem etwas ungewöhnlichen setting:

„...Ja, kann ich mich sehr gut dran erinnern. Ich weiß auch noch genau wo das war. Es war auf einem Parkplatz in B., ich hab' mit der Jugendamtsleiterin drüber gesprochen und eigentlich hatten wir beide die gleiche Idee, also sie hatte die Idee, dass wir's werden und ich hatte die Idee, dass das eigentlich ein Projekt für uns ist..." (Frau L 4-7).

Frau J. hatte bereits einige (ambivalente) Vorstellungen über Familienzentren und wird Teil eines kommunal geförderten Familienzentrums einer niedersächsischen Großstadt:

„ ... und als dann die Familienzentren auf, auf (k) als Thema in B. waren ähm war ich sehr zwiespältig ähm, ich kannte Familienzentren ähm aus Nordrhein-Westfalen und hatte auch da schon Befürchtungen von Erzieherinnen gehört, die dort gearbeitet haben (,) ähm wie soll das weitergehen (-), es sollen nur Erzieher bei uns eingestellt werden (-) und so weiter. Es war gerad so die Anfangsphase dort kursierten ganz viele Gerüchte und ähm ich hab' nur gedacht ähm ok Familienzentrum. Wir sind vom (k) von der The-

matik her glaub ich auf' m, auf' m ganz guten Weg, ähm vom Team her, wenn aber jetzt ne Koordinatorin noch mit reinkommt, wie krieg ich das gemeinsam alles äh gebacken (-) ..." (Frau J 45-53).

Die Idee, ein Familienzentrum zu leiten, ging bei Frau B. und Frau M. von Vorgesetzten aus:

„Meine Fachbereichsleitung ist im Januar 2013 auf mich zugekommen und sagte äh zu mir, ‚Sag mal, du wolltest doch schon immer Mal noch eine größere Kita leiten. Ich hab' da was für dich, könntest du dir das vorstellten?' Ich hab' dann gesagt, das überlege ich mir erst mal ganz in Ruhe, ich sag dir dann Bescheid" (Frau A 14-18).

„Kann ich mich noch dran erinnern (... .) dass ich gefragt wurde, weil ich ähm aus der Elternzeit kam und ne Krankheit hinter mir hatte. Ich komme eigentlich aus dem Gruppenleben, ich war erst in einer Gruppe, also 20 Jahre lang hier in ner Gruppe und hatte also gar keine Erfahrung als Koordinatorin (..) oder Leitung (..) ähm, aber mein Chef meinte er würde mir das zutrauen und das sind genau die Kompetenzen, die ich mitbringe, die für eine Koordinatorin sprechen ... (,) ja das waren so die ersten, (..) ersten Sachen, an was ich mich erinnere" (Frau B 18-24).

Frau L. ist sich nicht mehr so ganz sicher, wie sie eigentlich zum Familienzentrum gekommen ist. In Nordrhein-Westfalen gibt es ja die Möglichkeit, als Verbund ein Familienzentrum zu gründen, was die Leitungsaufgaben erleichtert:

„ ... dann aber zur zweit (,) ähm äh meine ich habe ich mir dann eine Kollegin dazu gesucht aus der anderen Einrichtung, mit der wir das im Verbund machen und die äh konnte ich dann überreden oder überzeugen (,) vielleicht beides, ja und dann ist das ganze so seinen Gang gegangen mit ..." (Frau L 5-13).

Die Kenntnisse von Frau L. über Familienzentren waren zu Projektbeginn eher gering, allerdings hatte sie externe Unterstützung, vermutlich in Form eines externen Coachings:

„ich glaub mit Begleitung war das erst noch die erste Zeit und dann haben wir das gemacht, (..) ja (..) so war zu Anfang außer das, was man so gelesen hat in diesen mhm Informationen, ne nicht wirklich, aber äh ja gut (,) wir haben's trotzdem gemacht und bis jetzt habe ich es auch nicht bereut, dass wir es gemacht haben" (Frau L 11-18).

In der Planungs- und Aufbauphase besteht generell ein hoher Bedarf an Informationen über Familienzentren, da dieses Arbeitsfeld für die meisten Leitungen Neuland ist.

„Insgesamt finde ich hat der Caritasverband uns gut unterstützt ... allerdings auch immer so ein bisschen: „Wir brauchen kein Familienzentrum" (lacht), aber so waren sie da und sie mussten gefördert werden und dann gab es vom Caritasverband her denk ich ganz gute Begleitung und ganz viele Träger sind ja noch aufgesprungen, also wir haben hier vor Ort das katholische Bildungswerk äh gehabt, das einen Kurs für uns gemacht hat, für die Leiterinnen von Familienzentren und damit waren wir hier auch schon ein bisschen vernetzt (..) direkt vor Ort. Dann gab es Unterstützung durch ähm ja (..) Referenten auch, die uns also direkt begleitet haben" (Frau E 52-59).

Die Strategien, sich entsprechendes Wissen anzueignen, sind außerordentlich unterschiedlich und finden oft außerhalb der regulären Arbeitszeit statt. Frau B. war als Einzelkämpferin zunächst einmal völlig auf sich allein gestellt und suchte online nach Informationen und Ideen:

„Also, ich glaube Internet ist nen ganz großes Thema da gewesen, das wir, das ich ganz viel übers Internet (,) nächtelang letztendlich, bevor ich den Job angefangen hab, immer geguckt habe, was, was bedeutet das (..) ähm ja wie heben wir uns auch ab von den anderen, mach ich mir zu viel Druck und dann hab ich mir irgendwann gedacht: So viel darfst du eigentlich auch nicht gucken, wir müssen selber das entstehen lassen und das wächst ja auch mit den Leuten, die, die einfach dran teilhaben. Ja irgendwann habe ich aufgehört mir Informationen zu holen, das war dann irgendwann, da wollte

ich mir nicht so einen Druck oder uns nicht so einen Druck machen hier" (Frau B 42-49).

Die Einarbeitung von Frau K. erfolgte zunächst ohne jegliche Unterstützung:

„Nein, ich glaub (k) nein, ich glaube nicht ähm, also wir hatten schon viele Kooperationen, die bestanden und viele Angebote hier im Haus, aber den Umfang dieses ganzen Projektes ich denk mal es wurde sicherlich erst klar als auch dieser Bewertungsbogen den wir damals bearbeiten mussten ausgefüllt wurde, wo einfach deutlich wurde welche Aufgaben auch gefordert sind vom Land, ne (..) mhm ... Nein (..) ich wüsste jetzt auch nicht wer es hätte vorbereiten können, also ich denk, dass das ist viel autodidaktisch gelaufen (-) auch im kollegialen Austausch mit anderen Familienzentrumsleitungen, Sachen angelesen (...) Ich denke, ja wie gesagt, autodidaktisch" (Frau K 10-18).

Im nordrhein-westfälischen Modell wurden Komplexität und Umfang des Projektes unterschätzt; erst das genaue Studium des Gütesiegels führte den beteiligten Trägern und Leitungen plastisch vor Augen, was an Anforderungen auf sie zukam. Schnell wurde Frau B. klar, dass sie auf den Austausch mit anderen Kolleginnen bzw. deren Erfahrungen angewiesen ist:

„... also die Stelle war vorher besetzt von einer anderen Dame ähm und da habe ich einfach die alten Unterlagen, die waren ja alle noch vorhanden und die hab' ich durchgeguckt oder den größten Teil durchgeguckt und ähm hab mir dann aber auch einfach ganz viel eigene Sachen erarbeitet, über Internet, über Bücher (...), über(..) meine Studentinnen, über (..) Kollegen (..) so" (Frau B 35-39).

„(lacht) Nein (lacht erneut), da wurde ich nicht drauf vorbereitet, nein, mhm. Nein, nein, das, das hab' ich mir selber aneignet und dann mit (räuspert sich) anderen Fachfrauen gesprochen, die das schon kannten, aber im Verbund war das auch hier das erste Mal, weil ähm als ich angefangen hab als Verbundleitung war ja gerade die Pilotphase Verbundleitung zu Ende, also da gab's ja gerade

erst Verbundleitung. Ich war in der Pilotphase auch, also da waren wir ja nur sieben Verbundleitungen im ganzen Bistum Münster hier und von daher war alles ja neu und Familienzentrum war ja auch relativ neu hier, hier in der Ecke auf jeden Fall" (Frau I 37-44).

Bereits in dieser Phase bekommen Leitung und Aufbau eines Familienzentrums einen ganz eigenen Charme:

„Ja es wäre schön gewesen, wenn meine vorherige Kollegin einfach noch ein zwei Monate da gewesen wäre, so ähm das war so mein erster Impuls, aber dann hab ich auch gedacht ne eigentlich ist es gar nicht so schlecht, weil dann das ist wirklich was ganz anderes und ähm das ist das was auf meinem Mist gewachsen ist, was ich oder wir uns erarbeitet haben und egal was vorher gewesen ist, da waren (k) sind auch ganz tolle Sachen bei gewesen, ähm aberdas andere haben wir uns jetzt einfach erarbeitet. Ich denke nen Familienzentrum steht und fällt mit, mit den Leuten, die da arbeiten" (Frau B 52-58).

Eine weitere bedeutsame Rolle spielen in der Aufbauphase Fort- und Weiterbildungen, die entweder von örtlichen Trägern oder wie in Nordrhein-Westfalen zentral durch das Institut für Soziale Arbeit (ISA) Münster im Auftrag des Landes angeboten werden:

„Es gab hier und da Veranstaltungen beim Kreis W. wo es Informationen gab, oder (..) auch Fortbildungsreihen zu einzelnen Bereichen aus (k) aus dem Aufgabenfeld von Familienzentren, da kann ich mich noch dran erinnern. Wir haben da auch an einigen teilgenommen. Ja, (..) das war so so nen bisschen Begleitung war schon da" (Frau L 21-24).

„Mhm (..) also es gab damals ja äh für uns die Möglichkeiten hier über das katholische Bildungswerk einzusteigen in die Arbeit Familienzentrum ..." (Frau E 45-46).

„... und als ich hier angefangen bin, sind wir dann zusammen auf eine Fortbildung gegangen, die mehrere Blöcke hatte, über mehrere Tage immer" (Herr G 53-54).

„Und zur Vorbereitung der Koordination gehörte auch, dass ich ähm sehr genau geguckt habe, welche Fortbildungen brauche ich noch, also wo ähm hab ich schon Ressourcen auf die ich zurückgreifen kann, wo hab ich auch äh schon Kompetenzen erworben und was fehlt noch (-) und das hab sowohl ich persönlich getan, aber auch meine Leitung damals, die heutige pädagogische Leitung, das war ja damals unsere Projektbegleitung, mein Träger, ähm also da haben alle zusammen letztendlich geguckt, was fehlt noch ..." (Frau D 72-78).

„... ich konnte dann gleich bevor ich überhaupt anfing (,) das war im April, im Juni habe ich hier angefangen, das war im April 2013, ähm konnte ich gleich eine Fortbildung mitmachen in W. bei D. (-) ich weiß es nicht genau, zu dem Thema Familienzentrum Early Excellence Ansatz (-) das waren (..) ähm (... ...) drei mal zwei Tage (-) und ähm ja das hat mir denn schon die Arbeit der Familienzentren gut hergeführt" (Frau A 31-36).

„Äh, dass wir auch regelmäßig investieren, vor allem auch in Fortbildungen, ist wichtig..." (Frau I 27-28).

„Also es mhm wäre bestimmt gut gewesen, weiß ich nicht ob's jetzt nen Arbeitskreis oder einfach auch mal ne Fortbildung nochmal zu besuchen, weil es war ja schon nen gänzlich neues Terrain, was man betreten hat, also wir wussten ja alle nicht so recht was auf uns zukommt ..." (Frau K 23-26).

In Niedersachsen liegt der Schwerpunkt von Fortbildungen im Wesentlichen auf dem Early Excellence Ansatz, während in Nordrhein-Westfalen themenspezifische Fortbildungen und ein Coaching für Leitungen, Teams und Träger vor Ort deren Kern bilden. Die Qualität der Fortbildungsangebote scheint sehr unterschiedlich auszufallen:

„Also mmm es gab da einige Fortbildungsveranstaltungen, die ich auch alle fleißig besucht habe. Ähm, (,) die waren alle nicht sehr ergiebig, weil die im Prinzip <u>mich</u> angefragt haben ‚wie machen Sie das denn?' Also eigentlich hätte ich die Fortbildung geben können. <u>Wirklich</u>. Die haben nichts gebracht ... Also ich hab mich

sehr oft gelangweilt und geärgert auf diesen Fortbildungen" (Frau O 51-58).

"Wir hatten ja (k) also die Teams hatten ja mit einem Dozenten eine Fortbildung, wie setzt man ein Familienzentrum um (-) mit den ganzen Ordnern, die es gibt, mit den ganzen Bereichen. Das ist ja die ähm (k) das ist ja das Thema, wie mach ich das (-), aber wie funktioniert das Ganze, das hat keiner erklärt und da finde ich hättees auf jeden Fall mehr Input geben müssen, auch für die Trägerverbundleitung" (Frau I 49-53).

Durch die formalen Vorgaben des Gütesiegels Nordrhein-Westfalen entstehen zusätzliche Unsicherheiten, wie denn ein Familienzentrum entstehen kann. Es gibt einerseits den mittlerweile berühmt-berüchtigten Ordner für die Zertifizierung, in dem Nachweise über die Erfüllung der Gütesiegelkriterien gesammelt werden müssen und andererseits die praktischen Erfordernisse und Wünsche aller Beteiligten vor Ort. Hier soll das vom Land Nordrhein-Westfalen initiierte Coaching ansetzen, das von Frau I. mit Fortbildungen gleichgesetzt wird:

"Wir hatten auch nen Coach (..) ähm in M., wo wir öfters hingefahren sind, das wir da mal geguckt haben und sie ist auch ins Team gekommen und hat nochmal geguckt ob alle Kriterien erfüllt sind, wenn es darum ging äh ja zur Zertifizierung und so weiter, wenn es darum ging, aber ansonsten, dass ich jetzt großartig ne Fortbildung gemacht hab, kann ich nicht sagen" (Frau F 44-48).

"Zum Glück wurden wir gecoacht, was also sehr, sehr gut war fand ich, aber da wäre sicherlich auch nochmal auch nen intensiverer Kontakt unter den Familienzentren, oder unter diesenEinrichtungen in der Pilotphase sicherlich auch nochmal sinnvoll gewesen, dass man da nochmal auf, auf kollegialer Ebene auch guckt, wie machen es die anderen (-), wie machen wir es (-), das fände ich schon wichtig (..) mhm" (Frau K 26-30).

Coaching alleine reicht eben nicht aus, um in der Aufbauphase eines Familienzentrums klar zu kommen; ebenso wichtig ist der Kontakt und Erfahrungsaustausch mit Kolleginnen in der gleichen Situation:

"Also unterstützend, also bei mir, ich hätte mir wirklich eine, eine (..) eine gute Fortbildung gewünscht. (..) dass man wirklich (k) wenn man mal mit neuen Familienzentrumsleitungen zusammenkommt, ne Fortbildung bekommt und worauf muss ich achten (-) was ist wichtig (-), ja dass man sich über Sozialräume mal austauscht und,und, und, und, und (,) einfach ins Gespräch kommt, das hätt ich mir jetzt gewünscht (,) ganz am Anfang jetzt" (Frau F 69-74).

"... ich hab' (..) mich ganz viel umgeschaut, ich bin rumgereist zusammen mit Leitung, mit Teilen aus der Steuerungsgruppe, habe mir verschiedene Familienzentren wirklich auch vor Ort angeguckt, ähm das war son', son' Teil dessen, wo wir auch wirklich gesagt haben wir, wir gucken uns so Best Practice Beispiele an und nehmen dann daraus auch ein Stück unseres ..." (Frau D 59-63).

"... also die Stelle war vorher besetzt von einer anderen Dame ähm und da habe ich einfach die alten Unterlagen, die waren ja alle noch vorhanden und die hab' ich durchgeguckt oder den größten Teil durchgeguckt und ähm habe mir dann aber auch einfach ganz viel eigene Sachen erarbeitet, über Internet, über Bücher(...), über (..) meine Studentinnen, über (..) Kollegen (..) ja, so" (Frau B 35-39).

"... ich hab' natürlich im Internet nach geguckt, hab mich belesen (..) und äh hatte die Kollegin gefragt, was das alles beinhaltet ein Familienzentrum, weil wir so ganz genau im, im Leitungskreis äh das Thema noch nicht so angerissen hatten" (Frau A 27-29).

"Mhm ja, bei uns war es eigentlich anders (... ...), ähm ich stand zunächst einmal alleine da mit dem Team und dann kam hier eine Leitung, die auch schon Familienzentrumserfahrung hatte und so haben wir uns dann eigentlich ein bisschen ergänzt. Das heißt wir haben unser Aufgabengebiet kennen gelernt, oder ich hab' meins kennengelernt, das Team hat das Aufgabengebiet kennengelernt. Wir haben dann die ähm Ordnerdamen, sag ich mal, zugeteilt zu ihren Ordnern und dann ging die Arbeit los" (Frau F 33-38).

„Mhm, direkt wurde ich eingearbeitet durch meine Vorgängerin. Meine Kollegin hat mich auf die Aufgabe ähm vorbereitet, ähm ansonsten gibt es seitens des Trägers keine großen Vorgaben, dass ist tatsächlich so, ja" (Frau N 29-31).

Frau M. aus Niedersachsen hat sogar eine entsprechende Ausbildung zur Early Excellence Beraterin bewilligt bekommen, von der später das ganze Team profitiert:

„... und dann durch die Beraterausbildung war für mich klar, ja das ist es, das möchte ich machen. Das waren so die ersten Anzeichen von meinem Chef auch, dass er mir diese Weiterbildung genehmigt hat und dann gesagt hat, ok, dann machen wir das auch" (Frau M 18-20).

Fast alle Leitungskräfte verfügen über eine langjährige Berufserfahrung und Zusatzqualifikationen. Die formalen Abschlüsse reichen von Erzieherin über Heilpädagogin, Sozialpädagogin bis hin zu Sozialwissenschaftlerin (vgl. Anlage):

„Ich hab' vor Jahren ähm über den Caritasverband in Kooperation mit äh der Fachhochschule O. Sozialmanagement gemacht und nen paar Jahre später haben wir hier für den Raum A. nen Qualitätshandbuch erstellt und die beiden Sachen, die waren (,) ja da (k) dadurch hat ich ne ganze Menge an Voraussetzungen fürs Familienzentrum. Ja, dann kam noch hinzu, dass ich, ich äh ich bin Sozialpädagogin und habe auch eine kaufmännische, also ich bin, bin ursprünglich (..) ursprünglich über ne kaufmännische äh also Fachoberschule Wirtschaft in das (k) anschließend in das (k) in die Sozialpädagogik reingekommen, das ich also auch so computermäßig und so was ja eigentlich ziemlich fit war" (Frau E 32-41).

„Hier vor Ort bin ich seit achtzehn Jahren Leitung. Aber das ist erst seit 2006 ein Familienzentrum" (Frau O 8-9).

„Also ich bin vorher schon in Leitungsaufgaben tätig gewesen, also insofern konnte ich mir zumindest so vorstellen Vernetzung, Öffentlichkeitsarbeit, also dass das eben ein sehr, sehr vielfältiges ähm Arbeitsfeld ist. Wir waren damals (k) ich habe damals in D.

gearbeitet schon Teil eines Mehrgenerationenhauses ..." (Frau H 16-20).

Eine unerfahrene Leitungskraft ist eher die Ausnahme:

„Die Leitung hatte noch keine Vorerfahrung mit Familienzentren ... und Early Excellence und auch mit Elementarpädagogik nicht, von daher ist das Thema der, der, der Leitungsstrukturen auch immer ein großes Thema" (Frau D 175-178).

„... und ich hab' mich dann so damit beschäftigt, was ist das überhaupt? Ich kannte das ja so nicht, weil ich aus einer ganz anderen Ecke komme. Ich hab' vorher woanders gearbeitet, nicht im Kindergarten und ähm dann haben wir das zusammen einfach nochmal aufgebaut... Würde ich das nicht kennen aus meinem Studium, oder aus meinen Jobs vorher, hätten wir auch viele Sachen hier gar nicht so betrachten können und wer das eben nicht hat, so wie ich, dem fehlt das ja dann zum Teil" (Frau I 12-62).

Die Komplexität der Leitungsaufgabe und die unzureichenden wirtschaftlichen und pädagogischen Rahmenbedingungen führen in einigen Familienzentren zu häufigen Leitungswechseln:

„Ja, wir hatten ein, das ist aber speziell auf unser Haus bezogen, ein, ein großes Thema war in den vergangenen Jahren unsere (k) unser Leitungswechsel. Also, wir hatten ähm die Leitung, die das Familienzentrum mitaufgebaut hat, ist dann nach zwei Jahren ja gegangen, dann haben wir eine neue Leitung bekommen, ähm wo wir festgestellt haben, ähm da passt es nicht zusammen, also da gabes unterschiedliche Vorstellungen auch in der Ausrichtung zum Beispiel was Familienzentrum angeht und ähm, mhm, dann gab es nochmal einen Leitungswechsel, jetzt haben wir seit anderthalb Jahren einen neuen Leiter und es hat anderthalb Jahre jetzt auch wieder gut gedauert, ehe sowas gekommen ist, wie jetzt auch gut zusammengewachsen zu sein und jetzt auch gut zusammen zu arbeiten" (Frau D 166-175).

„Momentan ist die Herausforderung ähm, da wir ja einen Leitungswechsel haben, der M. wird den Kindergarten wechseln, wird

diese Spitze (,) da ist er eine Spitze, wird wegbrechen, die Frau F... die ist ja auch hier, die ist ja ne Generation, die ist ja in zwei, drei Jahren nicht mehr da, das heißt für mich äh ist es gerade schon ein richtiger Umbruch" (Frau I 73-77).

„ ... und ähm die andere Einrichtung, da hat gerade die Leitung gewechselt, da ähm sind wir gerade dabei uns ganz gut anzunähern und da sehe ich schon äh auch ne, ne Zukunft gemeinsam weiter dran zu arbeiten, also von daher, aber wie das dann zukünftig aussehen wird, im Moment weis ich das nicht, kann ich nichts zu sagen, hab da keine Vision, nicht (..) wirklich" (Frau L 180-184).

„Ja (lacht), das ist nochmal ne besondere Situation, ich bin nicht mehr lange Leitung. Ich hab' noch keine Nachfolgerin und diese Familienzentrumsgeschichte, das ist so umfangreich ähm, dass ich ähm befürchte, diejenige, die da neu kommt, die muss sich da also (k), die muss sich einmal in das einarbeiten, was schon die normale Kindergartenarbeit ist und dann darüber hinaus (k) hinaus noch in die Familienzentrumsarbeit und wenn wir da niemanden finden, der das schon mal mitgemacht hat, dann ist das mit Sicherheit eine absolute Überforderung (lacht)" (Frau E 82-90).

Die unzureichenden Rahmenbedingungen kompensieren Leitungen und Koordinatorinnen durch hohe persönliche Motivation und unglaubliches Engagement:

„ ... die Frage habe ich mir ja schon vor einigen Jahren gestellt, wie lange hältst du dieses Arbeitstempo aus (lacht). Das ist äh, also das kann man nicht bis 65 (lacht erneut). Es ist ne wahnsinnig ähm (..) ja belastend würde ich nicht sagen, dieses Organisieren, dieses ständig hier Leute im Haus zu haben, die Termine, äh die man dann ja auch pflegen muss für Kooperationen ähm einzuhalten, gleichzeitig dann noch diese ganze Kindergartenarbeit mit äh organisieren zu müssen, das ist äh ja das ist so vielschichtig, dass ich manchmal denke wie kriegste das überhaupt alles hintereinander, ne (lacht)" (Frau E 229-240).

Trotz der hohen Belastungen werden nur selten Ansprüche an bessere Bezahlung oder akzeptable Rahmenbedingungen gestellt. Frau C. ist die einzige Interviewpartnerin, die andere Gehaltsvorstellungen hat:

> *„Ähm finanziell bin ich als Sozialpädagogin eingestellt, obwohl ich Sozialwissenschaftlerin bin, das ist aus meiner Sicht äh überhaupt nicht weder von den Stunden noch von dem Gehalt ausreichend ..." (Frau C 102-104).*

Die Möglichkeit eines beruflichen Aufstiegs ist für Frau D. mit ausschlaggebend gewesen, die Stelle als Koordinatorin anzunehmen:

> *„Ja, kann ich mich gut daran erinnern, war ein besonderer Moment, weil es für mich persönlich auch nochmal ähm klar war, dass es eine berufliche Perspektive bietet" (Frau D 16-17).*

Sie ist aktuell zufrieden mit ihrer Stelle, denkt aber bereits über die weitere Entwicklung nach:

> *„Ähm im Moment erlebe ich das so, dass ich ähm das Gefühl habe, die Stelle als Koordinatorin ist so, dass was, was mir so auch am meisten Entspricht und merke aber auch gerade so durch die Situation hier (,) ähm es gibt so viel mehr noch, was mich interessiert, von daher fällt mir das schwer. Wenn ich es auf die Koordination, ein bisschen weggelöst von mir persönlich beziehe, dann ähm glaub ich wird die Koordinationsstelle so aussehen, dass die Koordinatorin ein Teil von viel (k), also eine von vielen ist im (k) in, in unserer Stadt. Es gibt wirklich viele, ähm viele, viele Familienzentren inzwischen, das heißt sie wird sich auch da nochmal in anderen Strukturen bewegen. Die Stelle wird ähm (..) das ist son, son, so ne, so ne Idee, also am Anfang wusste keiner, was ist ne Koordinatorin in einem Familienzentrum, inzwischen wissen das ganz viele in der Stadt und von daher hat es auf der einen Seite ne Bekanntheit bekommen, nen bisschen auch ne Wertschätzung, ein bisschen, das sag ich auch mit Absicht, ich weiß nicht, ob sich das verändert, das wäre wünschenswert. Ich glaube das in Zukunft, ähm das ähm fände ich auch gut, mehr darauf geachtet wird, was eine Koordinatorin wirklich mitbringt, sowohl an Qualifikation, als auch an Persönlichkeit, das hat sich auch verändert. Am Anfang*

hat ich das Gefühl, dass des nicht so ein großes Thema war, von daher wird glaub ich die Stelle an Profilschärfe gewinnen" (Frau D 351-368).

Trotz sehr unterschiedlicher personeller Ausstattungen schwingen die Themen „Selbstsorge" und „Überlastung" angesichts der Vielschichtigkeit des Komplexitätsmanagements immer wieder mit:

„...es muss auf alle Fälle sich insofern ändern, dass ich auf meine eigenen Ressourcen gucken müsste, mehr, das ist deutlich" (Frau C 146-147).

Koordinatorinnenstellen scheinen eine geeignete Möglichkeit zu sein, das Komplexitätsmanagement einigermaßen handhabbar machen zu können:

„... aber trotz allem sag ich, wenn keine Koordinatorin hätte, dass ich das nicht leisten könnte als Leitung und da haben wir auch eben nicht nur 19,5 Stunden, sondern 25 Stunden und durch das Rucksacklotsenprojekt, was wir ja jetzt auch noch später (k) also noch mehr entwickeln, das wir da ab dem nächsten Jahr mehr Stunden bekommen, sonst würde ich das abgeben müssen, das hätte ich nicht leisten können" (Frau M 39-44).

Frau C. fehlen die kollegiale Unterstützung und der persönliche Austausch:

„Mhm, was würde ich mir noch wünschen? Ähm (..) im Grunde die Dinge, die ich schon sachte: Ich würde mir gerne noch eine ähm Gleichgesinnte äh Sozialarbeiterin oder ja ne ausgebildete Kollegin wünschen, mit der ich in echten Austausch stehen kann, um äh selbst dann auch mal äh das Gefühl zu haben, wenn ich nicht hier bin, an dem Ort, sondern an nem anderen, das dann noch jemand mich äh ersetzen kann, das wäre mein größter Wunsch muss ich sagen" (Frau C 148-153).

Frau M. hat konkrete Vorstellungen für die Ausgestaltung der Koordinatorinnenstelle:

„... also ich möchte noch klarere Strukturen haben im Bereich der äh Koordinatorin, das ist auch nen Punkt, wo man kaum Hilfe hat, (..) ähm, ja was muss ne Koordinatorin eigentlich wirklich können,

ja also nen Aufgabenprofil haben wir jetzt erstellt, aber wenn jemand kommt frisch von der Uni, das sind ja oft Studenten, die erstmal 25 Stunden arbeiten, da nimmt man nicht so alte Hasen, wo man sagen kann, die sind routiniert und dann fällt es denen natürlich auch am Anfang schwer Öffentlichkeitsarbeit, Empowerment, all diese Dinge auch zu beherzigen, aber da kommen wir jetzt hin" (Frau M 388-394).

Als erfahrene Familienzentrumsleiterin reflektiert sie ihre ganz persönlichen Möglichkeiten und Grenzen sehr pointiert:

„...aber immer Stück für Stück und das habe ich mir auch angewöhnt mit Achtsamkeit immer wieder was neues zu bewegen, aber immer mit Ruhe, weil sonst überrennt es uns, da passe ich auf, meine Kollegen auch und da bin ich auch entspannter geworden, dann sag ich auch ganz oft weniger ist mehr und wenn wir mal was nicht hinkriegen, verschieben wir es auch mal nen Monat und dann sind auch alle entspannt und fragen sich auch immer warum ich auch so entspannt bin, weil ich glaube es läuft rund, ja" (Frau M 176-182).

Zusammengefasst bestehen die individuellen Motivationen im Reiz einer fachlichen Herausforderung mit ungewohnten Aufgaben, in einer neuen beruflichen Perspektive verbunden mit hoher Autonomie und gleichzeitig einem Mehr an Verantwortung über den engen Rahmen der Kindertageseinrichtung hinaus. Durchgängig sind die Leitungskräfte berufserfahren und neuen pädagogischen Ansätzen gegenüber aufgeschlossen, begreifen den Aufbau von Familienzentren als Chance in ihrem Berufsleben.

5.2 Organisations- und politikbezogene Kompetenzen

Ähnlich wie die Leitungskräfte haben Träger und Politik nur in wenigen Fällen bereits zu Projektbeginn eine klare Vorstellung davon, was ein Familienzentrum ist und wie dieses entwickelt werden kann. Im Idealfall gibt es bereits Vorarbeiten der Träger oder aber einen erklärten politischen Willen für ein Familienzentrumsprojekt:

„... bedingt dadurch dass wir als Team eigentlich schon ganz viel vernetzt waren mit anderen Institutionen und wir dann äh als Team gesagt haben, wir möchten das werden und die erste Frage war dann von meinem Chef, weil noch eine Beamtin hier ihre Diplomarbeit zu Migration gemacht hat, dass ich die Ausbildung zur Beraterin machen kann, und dann hab ich gesagt, ja dann trau ich mir auch zu Leitung zu werden, wenn ich den Early Excellence Ansatz gezielt auch noch mal für michverinnerlichen kann" (Frau M 7-13).

„Es gab hier und da Veranstaltungen beim Kreis, wo es Informationen gab, oder (..) auch Fortbildungsreihen zu einzelnen Bereichen aus (k) aus dem Aufgabenfeld von Familienzentren, da kann ich mich noch dran erinnern. Wir haben da auch an einigen teilgenommen. Ja, (..) das war so so nen bisschen Begleitung war schon da" (Frau L 21-24).

„Also gewollt war es vom Träger (,) ... der festgestellt hat, dass äh (k) also ursprünglich war vorgesehen, dass hier Kita Sankt A. alleiniges Familienzentrum wird, der Antrag wurde auch gestellt, wurde aber laufend abge (k) abgelehnt und dann kamen wir mit ins Spiel, also Kita Sankt D." (Frau F 4-10).

In Nordrhein-Westfalen gab es in einigen Kommunen mehr Bewerber als vom Landesprojekt zugewiesene Familienzentren, sodass einige Träger trotz hoher Motivation von Leitungskräften wie Frau F. erst zu späteren Zeitpunkten ein Familienzentrum aufbauen konnten. In einigen Kommunen hatten die motivierten Leitungskräfte zunächst mit Widerständen, Ängsten und Unsicherheiten bei Vorgesetzten und Trägern zu kämpfen:

„Wir haben zuerst die Arbeit eines Familienzentrums gemacht. Dann hab' ich von der Möglichkeit gehört, dass man sich bewerben kann und dann ich meiner Chefetage das vorgeschlagen ähm (,) und bin erstmal gegen Widerstände gestoßen (lacht) ... ... Also ich hatte ja (k) ich hatte ja gegen Widerstände zu kämpfen, weil mein Träger das gar nicht gut fand. Die hatten Vorbehalte. Also da hätte ich mir ideelle Unterstützung gewünscht nach dem Motto:

Mach das mal. Du machst das schon. so. Das hätt' ich mir gewünscht" (Frau O 20-23, 58-63).

"... ich hätte mir von meinem (k) letztendlich von einem Teil meiner Arbeitgeber eine andere Unterstützung gewünscht, das war damals ein deutliches Thema: Wir ähm warn damals noch nicht in dieser zentralen Trägerschaft, sondern in einer kirchengemeindlichen Trägerschaft und der Kirchenkreis ähm hat ziemlich deutlich damals signalisiert ähm (schnaubt): ‚Mit der Idee können wir nicht viel anfangen', und ähm, da gab es immer wieder so das Gefühl, ähm also wir, wir kämpfen gegen, gegen was, was aus unserer Überzeugung wirklich wichtig ist und was sich jetzt bewahrheitet hat..." (Frau D 94-100).

"Ähm, als ich an (k) hin (k) an (k) hingekommen bin war das so, dass man sich beworben hatte fürs Familienzentrum, aber es lang so brach nen halbes Jahr. Es hat sich so keiner drum gekümmert und es war so, dass ähm das Interesse eher beim Träger war, also bei dem Pastoralreferenten und dem Pastor, dem Leitenden, als in der Mitarbeiterschaft, als bei den Pädagogen" (Frau I 6-10).

Die grundsätzliche positive Einstellung der politisch Verantwortlichen zur Etablierung eines Familienzentrums bedeutet im Fall von Frau H. nicht unbedingt eine reibungslose Umsetzung in die Praxis, treffen doch in Familienzentren unterschiedlichste Berufskulturen aufeinander:

"Also das (k) d (k) das Schwierige ist glaube ich in diesem Fall, dass das Familienzentrum der Verwaltung (k) in der Verwaltung angesiedelt ist. Die Stadt D. ist ja Träger und die Verwaltung arbeitet natürlich eigentlich anders und arbeitet auch nicht unbedingt im sozialen Bereich und nicht unbedingt vernetzend, sondern eben verwaltend und ausführend und das ist natürlich in der (k) also daher war's glaub ich für die schwierig mich drauf vorzubereiten und mich einzuarbeiten, weil sie selber nicht wirklich einschätzen konnten was eigentlich passiert" (Frau H 37-43).

Die befragten Leitungskräfte bemängeln teilweise die fehlende Vorbereitung und Einarbeitung durch Träger und deren Vertreter, sodass bisweilen die etwas merkwürdige Situation einer „doppelten Ahnungslosigkeit" von Trägervertretern und angehender Familienzentrumsleitung entsteht. Kompensiert wird dieses Defizit durch externe Coachings oder den Austausch bzw. Hospitation mit erfahrenen Kolleginnen aus anderen Familienzentren. In Nordrhein-Westfalen wurden Coaches lediglich in der Pilotphase vom Land ausgewählt und finanziert, die Koordination hatte das Institut für Soziale Arbeit in Münster übernommen:

> *„Wir waren wohl immer im Austausch mit anderen Familienzentren, mit den Leitungen (..) und ham da geguckt. Wir hatten auch nen Coach (..) ähm in N., wo wir öfters hingefahren sind, das wir da mal geguckt haben und sie ist auch ins Team gekommen und hat nochmal geguckt ob alle Kriterien erfüllt sind, wenn es darum ging äh ja zur Zertifizierung und so weiter..."* (Frau F 43-47).

Eine Besonderheit ist die Koordination als Verbund in Nordrhein-Westfalen, in dem bis zu fünf Kindertageseinrichtungen ein Familienzentrum bilden:

> *„Was schwieriger war ist, wir sind ein Verbundfamilienzentrum, es mussten ja zwei Einrichtungen eingebunden werden. Das Problem war allerdings sehr groß ja und da haben wir dann auch noch mal nen Coaching bekommen. Weil der Unterschied war einfach so groß. Wir waren so ein Stück weiter, in dem was Familienzentrum ist und äh wir haben nicht die freie Wahl zu sagen, dass wird ein Einzelfamilienzentrum, sondern die Stadt hat vorgegeben, es wird ein Verbundfamilienzentrum und die Kolleginnen standen im anderen Kindergarten nicht so richtig dahinter, mussten also auch an nem ganz anderen Punkt anfangen als wir"* (Frau E 59-67).

In diesem Fall erschwerte die politische Entscheidung der Kommune zunächst einmal die Zusammenarbeit der beiden Kitateams. Bestehende Differenzen und Motivationen müssen in derartigen Fällen mühsam in externen Coachings bearbeitet werden. Teilweise ist es notwendig, ganze Vorstände oder Jugendhilfeausschüsse über Sinn und Zweck von Familienzentren zu informieren. Die Leitungskräfte sind dabei diejenigen Personen, die auf Klärungsprozesse in politischen Kontexten hinwirken, obschon sie selber einen hohen Unterstützungsbedarf hätten, der in der Aufbauphase aber eher selten abgedeckt wird. Sind die Strukturen und

Inhalte eines Familienzentrums erst einmal gefestigt, wird die Unterstützung auf der kommunalen Ebene als durchaus angemessen erlebt.

5.3 Teamkompetenz

Große Bedeutung für Entwicklung und Kontinuität eines Familienzentrums haben die Teams. Einige Teammitglieder haben schon Erfahrungen oder Kenntnisse über Familienzentren, während andere wiederum von dieser neuen Idee überrascht werden, die zu Grunde liegenden pädagogischen Inhalte nicht kennen und an der Entscheidungsfindung von Leitung und Träger kaum beteiligt sind. Die vorherrschende Grundhaltung ist Ambivalenz - angefangen von der Angst, noch mehr Aufgaben erledigen zu müssen bis hin zu einer positiven Grundstimmung, dass sich konzeptionell endlich etwas in der eigenen Kita weiterentwickelt. Leitungskräfte müssen diese schwierige Balance aushalten, bewältigen, sind existenziell auf gelingende Teamkooperationen angewiesen:

„Also ich kann mich erinnern, dass das Team der N-Kita von vornherein schon dahinterstand, weil es war schon lange im Gespräch" (Frau F 15-16).

„… wir haben sozusagen mit einem Jahr Vorlauf (,) wir ham' im Januar 2007 die Entscheidung getroffen als Team mit dem Träger damals und ähm der pädagogischen Leitung wir werden Familienzentrum…" (Frau D 54-56)

„… das ist eigentlich so unser Ding, sag ich mal, bedingt dadurch dass wir als Team eigentlich schon ganz viel vernetzt waren mit anderen Institutionen und wir dann äh als Team gesagt haben, wir möchten das werden …" (Frau M 7-9).

„Ja, dann war für mich eigentlich auch klar (..) das Team steht dazu, weil ohne Team würde ich es nicht machen wollen, also ich würde immer das Team mitnehmen, mhm (k) also ich möchte es immer mitnehmen …" (Frau M 15-17).

„… ich erlebe die Zusammenarbeit auch teilweise sehr unterschiedlich: Es gibt das Stammteam, dass die Zentrumsidee auch mitentwickelt hat, die sehr verwurzelt auch mittlerweile mit den

EEC Gedanken ist, die, die sich reiben an den Rahmenbedingungen, die in der pädagogischen Arbeit fast noch schlechter sind als bei mir in der Koordination, die auch teilweise ähm ganz doll damit hadern, auch teilweise so konsequent handeln, dass sie Stellen wechseln und zu einem anderen Träger gehen, weil sie die Hoffnung haben, da ist es besser ..." (Frau D 214-220).

„Äh, in meinem Team war es ganz was Neues ‚Was müssen wir da machen, was passiert da denn mit uns?' und dann hat ein Austausch stattgefunden (,) also es wurde ein bisschen ähm ja, wie soll ich das benennen jetzt, (..) von zwei Seiten zu betrachten sag ich einfach mal, also auf der einen Seite, da ist was Neues da, da, da kitzelt uns das wohl dran, oder auf der anderen Seite hieß es dann natürlich es kommt mehr Arbeit auf uns zu. Das war eigentlich so der Gedanke. (..) Angst war da nicht bei. Es war nur halt was Neues" (Herr G 14-20).

„In, in der ersten Zeit, ‚Müssen wir das alles noch zusätzlich machen?' Sie finden immer noch, dass es eigentlich zu viel ist, aber sie sehen auch die Veränderung in der Arbeit, dass sie viel mehr gefragt sind (,) äh von Eltern als Ansprechpartner und das ist ja auch ne, Wertschätzung und ne Aufwertung der Erzieherinnenarbeit (,) ja und das ist jetzt bei uns in der Einrichtung deutlich spürbar. Die sind Fachkräfte für Paragraf 8a, sitzen im Elterncafé, beraten, ist für viele auch ne Herausforderung, oder jeder hat so seinen Bereich unter etlichen Kolleginnen und also das merk ich schon (,) es ist nen anderes Verantwortungsbewusstsein und ne andere ja Selbst (k) äh Bewertung eigentlich da, die sind deutlich gewachsen mit dem Familienzentrum (lacht)" (Frau E 128-136).

„Ähm ich sach' mal so ähm, ich habe Mitarbeiterinnen, also bei mir in der Kita jetzt, die teils schon ein bisschen älter auch sind, die sich sehr schwer tun. Äh, ich erlebe dann aber auch wieder andere Mitarbeiter, vor allen Dingen hier in der Kita muss ich sagen, die ähm sehr engagiert sind. Ich ähm (k) bei mir im Team sind auch einige dabei, die wirklich sich Gedanken machen und ähm, aber es ist halt sehr unterschiedlich, da merk ich dann bei den älteren Mitarbeiterinnen ist es wahrscheinlich auch schon so

"(,) der Alltag ist sehr anstrengend, dann kommt das Familienzentrum noch dazu, da muss ich mich zusätzlich kümmern und da ist die Belastbarkeit, die Belastungsgrenze sag' ich mal ziemlich erreicht" (Frau F 131-138).

"Ja es wäre schön gewesen, wenn meine vorherige Kollegin einfach noch ein zwei Monate da gewesen wäre, so ähm das war so mein erster Impuls, aber dann hab ich auch gedacht, ne eigentlich ist es gar nicht so schlecht, weil dann das ist wirklich was ganz anderes und ähm das ist das was auf meinem Mist gewachsen ist, was ich oder wir uns erarbeitet haben und egal was vorher gewesen ist, da waren (k) sind auch ganz tolle Sachen bei gewesen, ähm aber das andere haben wir uns jetzt einfach erarbeitet. Ich denke nen Familienzentrum steht und fällt mit, mit den Leuten, die da arbeiten" (Frau B 52-58).

Nicht immer sind bereits Teams vorhanden, insbesondere in den Familienzentren, die nicht an eine Kindertageseinrichtung angebunden sind:

"Das ist ja (lacht), wollt ich gerad sagen, das ist genau die (,) ich bin die einzige Vollzeithauptamtlichbeschäftigte, dann hab' ich ja jetzt meine FSJlerin seit einem (k) etwas mehr als einem Monat, nen Hausmeister und ne Reinigungskraft, also das sind die Festangestellten, da ist (k) das Team ist toll. Das ist nen junges, engagiertes, motiviertes Team und da guckt auch die Reinigungskraft nicht, ob sie (k) ob sie nur reinigt, sondern stellt auch gegebenenfalls Tische mit um, also das ist ne sehr, sehr tolle ähm Teamarbeit, die wir da haben, ähm die auch jeweils über das eigene Aufgabenfeld gegebenenfalls hinausgeht" (Frau H 121-127).

"Direkte Mitarbeiterinnen, oder Mitarbeiter habe ich hier im Familienzentrum nicht, es sei denn, so wie jetzt gerade aktuell, eine FSJlerin, die halt das freiwillige soziale Jahr hier ähm macht und auch da ist die Mitarbeit ist gut, also absolut ähm positiv" (Frau N 86-88).

"Ich speziell bin ja Alleinkämpfer und habe gar keine Mitarbeiter" (Frau C 74).

Positiv einzuschätzen sind Mitarbeiterinnen mit Erfahrungen in der Familienzentrumsarbeit, die bereits langjährige Kontakte zu potentiellen Kooperationspartnern haben und darauf aufbauen können:

„Mhm ich würde mal unterscheiden zwischen denen Mitarbeiterinnen, die diesen Weg äh zum Familienzentrum mitgegangen sind, die also diese ganzen Entstehungen miterlebt haben und denen Mitarbeiterinnen, die so durch Personalwechsel jetzt neu ins Haus kommen, also da liegen natürlich erstmal Welten. Ich denke so die, die alten Hasen ähm haben einfach nen ganz anderes Hintergrundwissen, die sind da so mit gewachsen, auch mit dem Familienzentrum, und haben ne andere Verbundenheit (...) Also viele ältere Mitarbeiter oder länger hier im Haus arbeitende Mitarbeiter, die kennen halt die Kooperationspartner, die hier ein und aus gehen, das ist natürlich für, für neue Mitarbeiter erstmal äh nen fremdes Gesicht (,) ist ganz klar nen Unterschied, aber ich denke schon, wer hier arbeitet bei uns, ja entweder trägt er das mit, oder ansonsten funktioniert das auch nicht ..." (Frau K 68-80).

„Hier zeigt sich das anders, meine Kollegin hat das ja gerade angedeutet (..) Ähm, hier wird es nicht gesehen, als Familienzentrum oben drauf, sondern hier gehört es zum Alltag dazu und das macht es einem natürlich auch einfacher, wobei natürlich auch hier Kolleginnen sind, die ähm nicht den Altersschnitt haben, wie in der anderen Kita, die also ähm auch noch etwas ja belastbarer sind... und die das halt nicht als oben drauf empfinden (,) sondern die einfach auch ihre Ausbildung gemacht haben und da gab es zum Teil ja auch schon Familienzentren und die kennen es nicht anders" (Herr G 139-148).

Jüngere Mitarbeiterinnen äußern eher Bedenken; speziell in Nordrhein-Westfalen möchten sie sich nicht mit dem Gütesiegel und deren Anforderungen beschäftigen, blockieren in einigen Fällen auch die Weiterentwicklung zum Familienzentrum:

„Unterschiedlich ähm das ist von dem, ‚Ja, ich mach das, weil wir sind das ja' notgedrungen, bis hin zu, ‚Ich find das toll', also die Spannbreite haben wir hier ... und ist auch ein bisschen mhm, wir

haben ja Erzieherinnen, die schon sehr lange in dem Job sind, das heißt sie haben ja ne Ausbildung und Fortbildung auch in den letzten Jahren gehabt, die ähm sich stark darauf konzentriert haben, wie gestalte ich den pädagogischen Alltag mit Angeboten, aber es gibt ja sehr wenig Angebote für die pädagogischen Fachkräfte, die mal den Horizont verlassen hier, mal außerhalb zu gucken, wie funktioniert was und was hat das mit mir zu tun, mit meinem Engagement, wie kann ich das machen und ähm (..) so prägt sich dann das auch in der Arbeit aus hier, genau. Manche ziehen gut mit und manche ziehen auch wirklich nicht mit, also das merkt man auch, wenn Zettel aushängen und Eltern motiviert werden sollen sich einzutragen. Äh manche machen es gar nicht, manche machen es mit Herzblut, also es ist immer noch so nen leichter Fremdkörper das Familienzentrum" (Frau I 128-139).

„*... Ich denke so die neuen Mitarbeiter für die ist es schon ne Herausforderung, ein ganz neues Thema zum Teil auch, ähm aber es dauert schon bis die so diese Strukturen des Familienzentrums durchblicken, weil äh Kooperationspartner sind nicht bekannt..." (Frau K 73-76).*

„*... ich erlebe ähm die Arbeit aber auch ähm mit Kolleginnen, die sehr neu sind, die teilweise auch ähm noch gar nicht so verwurzelt sind mit Familienzentrum, ähm manchmal auch nur bedingt tatsächlich sich darauf einlassen, wo es dann letztendlich auch meine Aufgabe mit ist Wege zu finden, wie nehmen wir diese Kolleginnen alle mit (-) und ähm wie gelingt es auch die Besonderheiten, die Talente, Stärken herauszufinden, die diese Kolleginnen mit Sicherheit in sich tragen" (Frau I 220-225).*

Gerade in der Aufbauphase sind die Leitungskräfte auf ein unterstützendes Team angewiesen, müssen aber gleichzeitig vielfach Überzeugungs- und Motivationsarbeit leisten, idealerweise mit Hilfe externer Coaches oder Referentinnen:

„*Wir hatten ja (k) also die Teams hatten ja mit einem Dozenten eine Fortbildung, wie setzt man ein Familienzentrum um, mit den ganzen Ordnern, die es gibt, mit den ganzen Bereichen. Das ist ja die ähm (k) das ist ja das Thema, wie mach ich das, aber wie funktioniert das Ganze, das hat keiner erklärt und da finde ich hätte es auf jeden Fall mehr Input geben müssen ..." (Frau I 49-53).*

„... Auch neue Kollegen, die kommen werden, ja, auch noch mal dann bis zu zwei Tage (?) fortgebildet in EEC. Ähm ich habe jetzt gerade zwei Neue eingestellt vor zwei Monaten, die haben gleich gesagt, wir möchten (?) gehen und wir sind froh, dass wir hier angekommen sind ..." (Frau M 269-272).

Ist die Aufbauphase eines Familienzentrums erst einmal bewältigt, ändert sich die Einstellung von Teammitgliedern grundsätzlich; die eigenständige Arbeit macht Spaß, es gibt vielfältige Erfolgserlebnisse und Erzieherinnen fühlen sich in ihrer Berufsrolle aufgewertet:

„... die sind alle ganz engagiert, ähm jeder bringt ganz unterschiedliche Fähigkeiten mit. Wir sind da auch ein zusammen (k) zusammengewürfelter Haufen letztendlich, der sich aber ganz toll ergänzt mit, mit, mit unseren Fähigkeiten. Doch, das ist schon so. Mhm (..) positiv, ja macht Spaß" (Frau B 110-113).

Leitungskräfte erleben in dieser Phase Teams als wertvolle Stütze, ohne die Familienzentren nicht existieren können:

„(Schnalzt) Ich habe ein wunderbares Team, das könnte gar nicht besser sein, sie sind äh (..) genauso, wie ich mir das vorstelle, sie sind (..) äh sehr wertschätzend auch (..) den Eltern gegenüber, auch den ganzen Familien und ähm sie gehen sehr kollegial im Team miteinander um. Wir haben eine offene Meinungs- und Konflikt- und Streitkultur, was ansteht wird angesprochen. Es äh wird wirklich drauf geachtet, dass das alles kollegial abläuft, wenn, wenn es eben Meinungsverschiedenheiten gibt. Es wird dann Feedback gemacht und gemeinsam erörtert und äh was ich immer wichtig finde ist, das wir zusammen lachen können und das können wir ganz, ganz gut und ganz oft" (Frau A 76-83).

„... aber ich habe ja ganz tolle Mitarbeiter und da gebe ich einfach auch Sachen ab, ich sag immer, ich bin klar, ich bin die Koordinatorin bei mir läuft alles zusammen an Terminen, an, an Ideen und

ich verteile das dann einfach, also das, das wird vom Team einfach auch getragen, wenn ich es nicht hinkriege, muss man dann teilen ja" (Frau B 153-156).

Gelingende Teamarbeit zeichnet sich durch wertschätzende Haltungen, Humor und Spaß aus:

„Ja also die, die äh Kollegen sind alle lieb und nett und sind auch immer wieder bereit Aufgaben zu übernehmen, das ist es nicht, aber ich denke schon, die haben schon in ihrem Alltag ne Menge um die Ohren und ne Menge um, um (k) zu tun" (Frau L 99-101).

„... Ansonsten denke ich so in der Teamarbeit ähm (..), ich hab' ja über dreißig Mitarbeiter, läuft es gut, wie gesagt, es gibt auch (k) nicht alles ist Gold, was glänzt (,) aber es ist so, dass ich merke, wir haben ein tolles Team. Aufgrund dieser Kate (..) EEC Kriterien wir merken, dass wir auch angekommen sind, dass Ruhe ist ..." (Frau M 139-142).

Mit zunehmender Dauer entwickelt sich ein hohes Maß an Selbstständigkeit und Autonomie in Teams:

„... also ich mach Teambesprechungen. Ich weiß aber auch mittlerweile, dass ich Teambesprechungen nicht mehr so viel mitmachen muss, weil meine Kollegen fit geworden sind, also ich kann mich da auch nochmal ein Stück zurücknehmen ..." (Frau M 375-377).

„... ich habe ein äh (k) ein, ein Team im Lernwerkstattbereich, mit denen ich auch immer Teambesprechungen habe, ich habe aber auch mit den Horterziehern zu tun, weil die Nachmittags auch in der Lernwerkstatt sind, ähm wir haben über dreißig Mitarbeiter hier und haben morgens immer einen runden Tisch, immer aus jeder Lernwerkstatt ist eine Kollegin, oder ein Kollege, sodass man gut ähm, ähm auch kommuniziert, wie sieht der Tag aus, wenn jemand fehlt und die haben sich auch verselbständigt, also sie sind halt auch mitgenommen wurden glaub ich und ähm machen manche Dinge wo ich weiß, och, früher musste ich das machen, das

brauche ich nicht mehr, also das machen die richtig gut ..." (Frau M 250-258).

Strukturell stellt sich für Leitungskräfte die Frage, inwieweit Honorarkräfte, Ehrenamtliche und Projektstudierende in die Teamarbeit eingebunden werden können, ohne dass die Hauptamtlichen zu kurz kommen:

> *„Die Honorarkräfte werden auch reflektiert, die können uns auch reflektieren, was hier gelingt, oder auch nicht gelingt, oder was die auch nicht an unserer Einrichtung gut finden" (Frau D 375-377).*

Die Wertschätzung und Einbindung von Ehrenamtlichen und Honorarkräften trägt maßgeblich zur Qualität und Identitätsbildung eines Familienzentrums bei, da sie einen nicht unwesentlichen Teil der Angebote abdecken und den Familienzentrumsalltag mit Leben füllen. Ohne ihr Engagement würde ein Teil der Aufgaben von Familienzentren nicht wahrgenommen werden können:

> *„Ich habe Studenten, Projektstudenten sehr hilfreich, sehr interessant, sehr vielfältig an Persönlichkeiten. Ähm das belebt mich absolut und das äh möcht ich nicht missen. Äh ich habe Ehrenamtliche, die sehr engagiert mitmachen und auch das erlebe ich als äh wunderbar. Sind alles keine Mitarbeiter in dem Sinne, äh keine Kollegen" (Frau C 74-78).*

> *„Ähm wir laden auch die Honorarkräfte alle einmal im halben Jahr ein zum Gespräch und mittlerweile ist das so, das (k) ja, das ist so ne runde Sache geworden, weil es (k) eigentlich wir haben jetzt, ich hab das vorhin aufgeschrieben, da hab ich fünfzehn Ehrenamtliche und ähm nochmal zwölf Honorarkräfte und ähm ja die kennen sich hier in der Einrichtung aus, die wissen, wie wir arbeiten und sie haben natürlich unterschiedliches Klientel, aber, ja, die würden ja nicht bleiben, wenn's ihnen nicht gut geht hier ..." (Frau M 285-292).*

> *„Ähm ne andere Gruppe ist für mich tatsächlich als Koordinatorin, die ähm die Mitarbeiter, die als Honorarkräfte, als Ehrenamtliche, als Praktikanten wie auch immer im Familienzentrum in den kon-*

kreten Angeboten sind. Ähm, da hab' ich ne engere Verbindung, weil ich die einfach ähm intensiver begleite (...) so also von daher teil ich das. Was ich wichtig finde ähm und das ist etwas was, was von Anfang an so gehalten habe und was ich auch ähm als, als Besonderheit bei uns empfinde und auch zurückgespiegelt kriege, dass es tatsächlich so ist, ist, dass immer wieder punktuell ne große Wertschätzung für diese Kollegen geben sollte, also ich feiere einmal im Jahr so etwas wie, wie ein Mitarbeiterfest und das ist in diesem Jahr tatsächlich das erste Mal auch so groß, dass wir alle Mitarbeiter, sonst hab ich eher mit den unmittelbaren Zentrumsmitarbeitern gefeiert und jetzt laden wir tatsächlich ähm auch die ganzen pädagogischen Mitarbeiter dazu ein, weil sie, völlig zurecht, im letzten Jahr fragten ‚Warum feierst du eigentlich nur mit den anderen, wir arbeiten doch auch im Familienzentrum mit?' " (Frau D 225-232).

„Ja ähm natürlich die äh Ehr (k) Ehrenamtlichen immer mit einzubeziehen, das ist auch ne Herausforderung für sich finde ich, weil äh die Langfristigkeit nicht immer dadurch gegeben ist und ähm die Motivation von Ehrenamtlichen, ähm die ja sonst bei anderen Referenten oder so über Geld auch läuft, dann nicht möglich ist. Das ist auch ne Herausforderung sie immer äh dabei zu behalten" (Frau C 45-49).

Die Arbeit in einem Familienzentrum führt bei Mitarbeiterinnen und Leitungskräften trotz aller positiven Effekte zu hohen zusätzlichen Belastungen:

„... am Anfang habe ich gedacht, oh, es ist vielleicht ne Überforderung, weil auch mit dem Ansatz eben ähm das wir halt (k) da waren sie schon sehr belastet in der ersten Zeit, wo man sagen muss das gang (k) ging ganz schön an ihre Substanz sag ich mal..." (Frau M 232-235).

„Ähm bin ja schon viele Jahre dabei ähm, was sich ja einfach so grundlegend geändert hat, ist, wenn man morgens kommt zwischen sieben, halb acht, je nach dem, wann der Dienstbeginn ist, sind sofort Kinder da und ganz oft, wenn ich dann nachmittags gehe

über (k) übergebe ich oft noch ne ganze Menge Kinder in den Spätdienst, also das ist so. Meine Arbeitszeit ist wirklich fast rundum begleitet mit Kindern und so die Zeit, äh was zu tun ohne Kinder, was man ja auch braucht Vorbereitung oder sonstige Sachen, das da, da müssen, die schon wirklich gucken, wo geht es jetzt gerade (-), wo kann ich das mal machen (-) und da muss man sich immer wieder Nischen suchen und das beinhaltet ja auch gleichzeitig wieder so nen Stück weit Stress denk ich, das ist schon schwierig, wobei, die schon ne so die Sachen, EB, was ich gerade sagte, schon ganz interessant finden, oder auch dieses Angebot, wo da letztens siebzig Leute waren, waren auch Kollegen von hier beteiligt, die da mitgemacht haben, das ist dann auch kein Problem, das machen alle dann bereitwillig mit, das schon, aber die sind schon im Alltag schon auch so belastet, also das, das ist einfach so (...) finde ich" (Frau L 101-114).

„... und trotz alledem gibt es auch Stressphasen bei uns und dann versuchen wir eigentlich, oder haben Sie glaube ich auch festgestellt, dass wir dann als Leitungsteam mal sagen, so wir fahren nen Stück wieder runter, wir machen das später, aber sie können durch die Steuergruppen immer auch ihre Beschwerden mit reinbringen, sie können in der Steuergruppe immer Projekte planen ..." (Frau M 258-262).

„Ähm ich sag mal so ähm, ich hab' Mitarbeiterinnen, also bei mir in der Kita jetzt, die teils schon ein bisschen älter auch sind, die sich sehr schwer tun. Äh, ich erlebe dann aber auch wieder andere Mitarbeiter, vor allen Dingen hier in der Kita muss ich sagen, die ähm sehr engagiert sind. Ich ähm (k) bei mir im Team sind auch einige dabei, die wirklich sich Gedanken machen und ähm, aber es ist halt sehr unterschiedlich, da merke ich dann bei den älteren Mitarbeiterinnen ist es wahrscheinlich auch schon so (,) der Alltag ist sehr anstrengend, dann kommt das Familienzentrum noch dazu, da muss ich mich zusätzlich kümmern und da ist die Belastbarkeit, die Belastungs (..) grenze sag ich mal ziemlich erreicht" (Frau F 131-138).

„... und äh das war für 'ne ganz natürliche Entwicklung mhm um Familienzentrum zu werden. Wie groß das jetzt geworden ist und äh was da draus geworden ist, dass hätt' ich mir nicht vorstellen können (...) Die Arbeitsverdichtung hat immer weiter zugenommen. Es hat aber nicht nur mit Familienzentrum zu tun ..." (Frau O 31-36).

„Wir haben aktuell vier Spielgruppen bestimmt (,) fünfzig Kindern (,) und ähm da ist einfach ne Obergrenze dessen erreicht, was wir leisten können. (,) Trotz Externer, die ich eingestellt habe und so. Und äh das da haben die Leute keinen Sinn für. Die kommen einfach und wollen <u>sofort</u> Hilfe..." (Frau O 108-110).

„Meine Mitarbeiter unterstützen mich großartig. Die leiten neben ihrer normalen Arbeitszeit für Geld leiten die Spielgruppen oder (,) also zeigen ungeheures Engagement. <u>Ich</u> möchte jetzt also (k) wir ham' da einen Punkt erreicht, wo <u>mehr</u> nicht geht, weil von dem von den Anfragen könnte ich noch ne dritte vierte Spielgruppe aufmachen, aber das kann ich meinen Mitarbeitern grad' nicht zumuten, wo ich auch um meine Mitarbeiter zu schützen sage: <u>Nee</u> jetzt ist eine Grenze erreicht. ..." (Frau O 118-122).

Grenzen der Belastungsfähigkeit werden besonders deutlich, wenn eine hohe Fluktuation im Team vorherrscht oder die Teams zu schnell expandieren:

„Was für mich immer wieder ein konkretes Thema wird, ist ähm Personalwechsel, weil wir natürlich mit unserem Anteil an Freistellungsstunden nicht die ganze Arbeit leisten können. Es ist ja auch nicht so gewollt, sondern das Team soll es mittragen, soll daran mitarbeiten und das wird dann immer wieder schwierig, wenn es neues Personal gibt, weil entweder kennen die sich in anderen Bereichen aus, oder sie kennen sich vielleicht auch im, im äh Bereich des Familienzentrums gar nicht aus, sodass eigentlich die einzelnen Ordner sich immer wieder neu einarbeiten und neu aufstellen müssen und das wirft einen dann immer wieder zurück" (Herr G 104-110).

„Ich hoffe das Team bleibt so bestehen ..." (Frau B 177).

„... und gerade im Moment ist eine große Fluktuation in den Teams und ähm das bedeutet dann auch nochmal, ja viel Arbeit für das gesamte Team und Thema Zeit ist auch noch immer so nen Damoklesschwert, was über uns hängt" (Frau F 110-112).

„Ein Thema was uns auch intern sehr beschäftigt, ist ähm die Fluktuation im Team, der große Fachkräftemangel, dass wir Stellen letztendlich nicht mehr adäquat besetzen können und somit auch gefühlt ganz oft die inhaltlich-pädagogische Arbeit im Familienzentrum, eigentlich mit Sicherheit nicht die Qualität hat, die sie eigentlich haben müsste, ja" (Frau D 178-182).

Leitungen sind gefordert, rechtzeitig Überforderungen zu erkennen und Grenzen der Belastbarkeit zu definieren, was angesichts externer politischer oder trägerspezifischer Vorgaben recht schwierig ist. Letztendlich spielen Strukturfragen für Leitungskräfte eine entscheidende Rolle für das Gelingen ihres Familienzentrums.

5.4 Umgang mit strukturellen Rahmenbedingungen

Der Umgang mit Rahmenbedingungen und Strukturen von Familienzentren beschäftigt Leitungskräfte auf drei Ebenen: Stellenumfang bzw. Zeitbudget, Räumlichkeiten und finanzielle Ausstattung. Ein Großteil der Managementaufgaben resultiert aus Vorgaben in diesen Kernbereichen.

5.4.1 Zeitliche Ressourcen

Je nach Bundesland gibt es eine Vielzahl unterschiedlichster Leitungsmodelle mit sehr unterschiedlichem Stellenumfang. Eine Besonderheit besteht in der nicht immer klar getroffenen Unterscheidung von Familienzentrum und Kindertageseinrichtung, die zu Rollendiffusionen und unklaren Zuständigkeiten führt. Verkompliziert wird die Leitungsthematik durch zusätzliche Koordinatorinnenstellen, die Aufgaben des Familienzentrums abdecken. In den vorliegenden Daten finden sich folgende Leitungsmodelle:

- Leitung der Kindertageseinrichtung mit sehr geringem Stundenanteil Familienzentrum (4-6 Stunden /Woche), (hauptsächlich Nordrhein-Westfalen)
- Leitung einer Kindertageseinrichtung mit halbem Stellenumfang für das Familienzentrum (Niedersachsen und Nordrhein-Westfalen)
- Freigestellte Koordinatorin für mehrere Kindertageseinrichtungen mit einem nicht genau definierten Anteil für Familienzentren; die jeweiligen Leitungen der Familienzentren sind mit einer geringen Stundenzahl freigestellt (2-4 Stunden), (hauptsächlich Nordrhein-Westfalen)
- Vollzeitstelle ausschließlich für die Leitung eines Familienzentrums (Niedersachsen)
- Freigestellte Leitung einer Kindertageseinrichtung und eines Familienzentrums plus teilzeitbeschäftigte Koordinatorin (Niedersachsen)
- Teilzeitstelle als Koordinatorin für das Familienzentrum unabhängig von der Kindertageseinrichtung (Niedersachsen)
- Leitung Kindertageseinrichtung und Familienzentrum ohne jegliche Freistellung (Nordrhein-Westfalen)

Unabhängig vom jeweiligen zur Verfügung stehenden Zeitbudget klagen mit Ausnahme eines Familienzentrums aus der Pilotphase in Nordrhein-Westfalen alle Leitungskräfte über Zeitmangel, der nur durch Aufgabendelegation, Angebotseinschränkungen oder durch zusätzliches Engagement bzw. Überstunden in bis zu dreistelliger Höhe kompensiert werden kann:

„Hach, dass man es eigentlich in der Zeit nicht schaffen kann. Also die, die Dinge, die äh man tun möchte, die man für richtig hält, ähm die Kontakte, die man eigentlich pflegen müsste, das ist zeitlich alles eigentlich gar nicht drin (lacht). Das ist so das Hauptproblem. Ja, das ist eigentlich, ähm es, es müssen alle Kollegen mit anfassen und die haben alle ihre Gruppenarbeit und müssen sich immer auch noch zusätzlich in einen Punkt Familienzentrum einarbeiten und das ist äh ne Herausforderung und manchmal auch eine Überforderung" (Frau E 70-75).

Frau E. hat für ihr Verbundfamilienzentrum mit zwei Einrichtungen eine Freistellung erhalten; dennoch ist sie auf die Unterstützung ihres Teams angewiesen:

> *„ ... ich habe keine volle Stelle, ich bin mit 34 Stunden beschäftigt und Leitungsstunden habe ich glaub ich 31 oder 32, ja (..) ich könnte ne volle Stelle gut gebrauchen, um das äh alles zu schaffen, nur die Leitungsaufgaben und äh ich glaub ich bin schon ziemlich gut se (k) ähm, äh organisiert (lacht), aber nichts desto trotz es bleibt fast gar keine Zeit mehr sich auch wirklich noch mal um die Kinder, oder mit den Kindern selbst zu befassen, was ja eigentlich als Kindergartenleiterin auch noch mal meine Aufgabe wäre, dafür habe ich keine Zeit, das müssen die Kolleginnen machen. Wir haben es natürlich auch ein bisschen so organisiert - ich bin freigestellt, ich hab' nen Büro und die haben die Kinder und also mach ich auch viele Büroarbeiten, um die einfach mehr in der Arbeit mit den Kindern zu belassen, ne ja" (Frau E 204-213).*

Erheblich geringere Zeitkontingente für Familienzentrumsaufgaben haben Frau F. und Herr G. in einem Verbundfamilienzentrum zur Verfügung:

> *„(lacht) Zeit ist gut, also ich habe zweieinhalb Stunden fürs Familienzentrum" (Frau F 175) „Ich auch" (Herr G 175).*

> *„Also da ist der Zeitrahmen so, ja wir nehmen ihn mal hin sag ich mal platt so (lacht), aber es reicht nicht" (Frau F 175-176).*

> *„Nein, es reicht auch nicht aus, also ähm als wir hier wirklich gesessen haben und auch noch für die Re-Zertifizierung die Ordner fertiggemacht haben, haben wir eine Woche am Familienzentrum gearbeitet bis alles stand und ähm da reichen 2,5 Stunden pro Woche nicht aus ... auch wenn wir sehr viele Aufgaben delegieren, aber das reicht nicht" (Herr G 181-186).*

Ohne die Unterstützung der jeweiligen Teams sind in diesem Familienzentrum die Vorgaben des Gütesiegels und die Gestaltung der Kooperationsbeziehungen nicht zu erfüllen:

"Es sind so Kooperationstreffen mit den Kooperationspartnern, die sind in regelmäßigen Abständen, man trifft sich zwischendurch mal, man tauscht aus ähm, also ich weiß nicht, wo die Zeit bleibt ne (-) also vieles, vieles wird unter den Tisch gekehrt, oder auch vom Team mitgetragen, die dann wirklich sagen ähm wir organisieren uns, geht ihr mal schön und macht eure A (k) Aufgaben fertig, sonst geht es manchmal nicht" (Frau F 187-191).

"Also wir teilen uns das auch auf, dass ähm manche Treffen werden auch wirklich nur von einem besucht, weil es einfach zeitlich nicht drin ist" (Herr G 192-194).

Angesichts derartig unzureichender Freistellungen wirkt der Wunsch von Herrn G. nach idealer Arbeitszeit geradezu bescheiden:

"Einfach mal rumspinnen, also ich finde ähm als Leitungsfreistellung in einem Familienzentrum mit einer Kita mit drei Gruppen braucht man also mindestens eine halbe Stelle Freistellung, unter dem würde ich sagen geht es nicht. (... ...). Um auch wirklich für seine Aufgaben Zeit zu haben und die nicht immer schnell, schnell machen zu müssen, sondern es ist ja auch ein bisschen Denkarbeit dabei, ne mich in den Sozialraum reindenken, da brauche ich Zeit für und das kann ich eigentlich nicht abends auf dem Sofa machen, weil dafür ist da eigentlich die falsche Zeit, aber im Moment läuft es so" (Herr G 206-213).

Bedenklich erscheint hier insbesondere die Tatsache, dass ein Teil der Leitungsaufgaben im privaten Rahmen erledigt wird, eine klare Trennung von professioneller Tätigkeit und Privatleben tendenziell aufgehoben wird. Es besteht infolgedessen die latente Gefahr von Überforderung und Burn-Out. Einige Leitungskräfte äußern zunehmend die Sorge, wie lange sie dieses Pensum mit hoher Arbeitsverdichtung überhaupt noch durchhalten können:

"Ja, hören Sie die, die Frage habe ich mir ja schon vor einigen Jahren gestellt, wie lange hältst du dieses Arbeitstempo aus (lacht). Das ist äh, also das kann man nicht bis fünfundsechzig (lacht erneut). Es ist ne wahnsinnig ähm (..) ja belastend würde ich nicht sagen, dieses organisieren, dieses ständig hier Leute im Haus

zu haben, die Termine, äh die man dann ja auch pflegen muss für Kooperationen ähm einzuhalten, gleichzeitig dann noch diese ganze Kindergartenarbeit mit äh organisieren zu müssen, das ist äh ja das ist so vielschichtig, dass ich manchmal denke wie kriegste das überhaupt alles hintereinander, ne (lacht). Wenn man so an manchen Tagen denkt, Mensch, das waren jetzt nicht zehn Bereiche, das waren vielleicht auch fünfzehn verschiedene äh Arbeitsfelder, die du hier gerade äh beackert hast und daneben noch das Telefon, was ja auch häufiger geht bei einem Familienzentrum, also es ist nen Wahnsinns äh ja Managementbelastung. In der Wirtschaft werden Leute in der Regel unter sechzig rausgeschmissen, die in diesen Jobs arbeiten, das kann man nicht ewig" (Frau E 229-240).

Eine stärkere Aufgabentrennung von Leitung und Koordination bzw. Leitung des Familienzentrums wird für unbedingt notwendig gehalten, ist aber nicht immer vorhanden:

"Ich würde nie sagen also jetzt mache ich Familienzentrumsarbeit und jetzt mache ich Leitungsaufgaben, für mich ist das keins, also wir sind Kindergarten und Familienzentrum, das, das läuft bei uns eigentlich nicht so getrennt, es gehört zusammen ..." (Frau E 197-200).

"Ähm (..) ich, ich würde mir dann natürlich schon mehr Leitungsstunden wünschen für so ne riesige Einrichtung plus Familienzentrum ähm und dann würde ich für mich persönlich wirklich (...) würde schon wünschen ähm klar definierte Familienzentrumsstunden zu haben, also wo ich einfach wüsste ich kann mich darauf voll konzentrieren, ohne das äh Themen die, die Kita betreffen hinten anstehen, oder ich Kollegen vertrösten müsste, weil ich keine Zeit habe also das, das fände ich schon wichtig und ja, das das aber wirklich schon nochmal Unterstützung auch gibt im personellen Bereich, oder Zeit, ne in diesem Fall" (Frau K 161-167).

Einen Sonderfall stellen Verbundleitungen dar, die sowohl für mehrere Kitas wie auch Familienzentren verantwortlich sind:

"Äh ich finde personell müsste mehr Geld da drinstecken. Es müssten definitiv mehr, mehr Stunden dafür drinnen vorhanden sein für

Personal, weil wir viel zu viel aus dem nor (k) normalen Budget ziehen müssen, also das äh auch wenn man sacht, man, man zieht jetzt vier Stunden schon raus, aber was sind denn vier Stunden für zwei Kitas, also das ist ja nichts, das ist ja, ich verwalte mal gerade hier das was anfällt an Familienzentrum, aber da kann ich mich ja nicht hinsetzten und planen oder mal kreativ werden, also das geht ja gar nicht, also das ist definitiv äh zu wenig..." (Frau I 157-163).

Frau L. beschreibt sehr anschaulich, welche Schwierigkeiten eine zu geringe Stundenzahl für Familienzentrumsleitung und die Vermischung von Kita- und Familienzentrumsleitung mit sich bringen:

„Optimal zu gestalten, wie würde meine Stelle dann aussehen? Dann würde ähm es erstmal so gewährleistet sein, dass ähm (k) müsste es gewährleistet sein, das ich auf gar keinen Fall mehr irgendwie äh in die Gruppe müsste, auch bei Fehlzeiten von Kolleginnen nicht, oder wie zum Beispiel morgen, auf keinen Fall mal eben morgen Mittag für sechzig Kinder zu kochen, weil die beiden Köchinnen morgen ausfallen, äh das müsste geregelt sein, das würd ich mir schon an einigen Stellen wünschen, weil dann bleibt halt was anderes auf der Strecke, weil unsere Kinder müssen dann Mittags was essen, oder äh wenn's brennt in der Gruppe springe ich da schon ein, also das wäre schon ne tolle Sache, wenn das gewährleistet ist, oder aber auch Kibiz (Kinderbildungsgesetz, T.H.) kommt da ja rein ähm, wenn dann der Personalrechner auswirft Freistellungsstunden bei mir, ich weiß es jetzt gar nicht genau zweiunddreißig oder sechsunddreißig, aber es ist jetzt auch egal, aber bis zur neununddreißig-Stunden-Stelle ist da immer noch ne Differenz drin und wenn ich das genau äh auslege, oder Träger böse sein würde, dann könnte der sagen brauchst du ja gar nicht, du kannst ja gleich ne, da denke ich schon, das wäre äh mhm ne tolle Sache, oder ne bessere Sache ansonsten, ja ist ok" (Frau L 161-174).

Frau A. würde sich ebenfalls eine stärkere Trennung von Kita-Leitung und Familienzentrum wünschen:

"Ja, meine Stelle ist ja kombiniert, einmal leite ich die Kindertagesstätte, dann leite ich das Familienzentrum und dann bin ich die Koordinierung für die Kindertagespflege hier in der Samtgemeinde und äh man kann das nicht so einzeln voneinander trennen, weil ja alles äh irgendwie miteinander verbunden ist und ich switche dann auch manchmal hin und her zwischen den einzelnen Funktionen äh für das Familienzentrum ähm (..) ich kenne Stellen, da gibt es eine extra Koordinatorin, das haben wir hier leider nicht. Es wäre schön, wenn ich dann noch mehr Stunden hätte, dann könnte ich denk ich auch mehr Dinge, Programme, oder mhm Treffen installieren, aber so mit zehn Stunden ähm (..) des ist ganz schön wenig für so ein Familienzentrum" (Frau A 187-192).

Frau D. entwickelt sehr konkrete Vorstellungen für eine optimale Leitungsausstattung in ihrem Familienzentrum:

"Mhm, das wäre eine Vollzeitstelle und im besten Fall ähm wäre sie tatsächlich mit zwei Personen besetzt ähm und diese, diese zwei Personen würden sich von ihrer Persönlichkeit her so gestalten, dass ich eine ähm Kollegin mit einem Zuwanderungshintergrund habe. Ähm egal in welche Richtung, weil das gibt es bei uns im Stadtteil nicht, ich habe keine Häufung von Nationalitäten. Ich könnte jetzt nicht sagen am besten wäre es, wenn sie einen arabischen Hintergrund hätte, oder einen türkischen Hintergrund, wie auch immer, aber es würde schon hilfreich sein, wenn sie (k) wenn sie einfach eine andere Nationalität hätte. Ähm, dann wäre auf der einen Seite die Zeitressource wäre besser erfüllt durch die Ganztagsstelle und auf der anderen Seite ein wesentliches Problem, dass Koordination ähm in der Regel tatsächlich an mir hängt, also in dem Moment, wo ich Urlaub bin oder nicht vor Ort bin, ähm bleiben Sachen einfach liegen. Ach so, es gibt keine Leitungsstunden für das Familienzentrum, sodass ähm meine Leitung zwar natürlich über alles informiert und, und ähm auch auskunftsfähig ist, aber meine Leitung hat keine Zeitressource ähm ein Angebot mitzugestalten, oder ein Treffen mit einem Kooperationspartner wahrzunehmen ..." (Frau D 317-330).

Frau K. hat in einem Familienzentrum aus der Pilotphase in Nordrhein-Westfalen eine für sich relativ praktikable Lösung gefunden, mit der sie durchaus zufrieden ist:

> „... ich mein' Zeit ist immer relativ, ne. Ich weiß (k) ich kenne niemanden, der sagt, ich habe ausreichend Zeit für überhaupt irgend ne Aufgabe (lacht), von daher ähm (,) ich nehme mir die Zeit, weil mir das Familienzentrum ganz, ganz wichtig ist. Also ich glaube, oder ich habe das Glück auch eine Stellvertretung zu haben, die mich da ähm, die mir da sehr entgegen arbeitet. Ähm ich muss dazusagen, ich arbeite nicht mehr Vollzeit, ich arbeite dreißig Stunden an vier Tagen, aber hab eben eine, eine Vertretung im Büro, wenn ich nicht da bin und wie gesagt wir sprechen uns da auch ähm ab, wer auch was übernimmt und für mich ist nach wie vor das Familienzentrum auch mein großer Schwerpunkt in der Arbeit und ich glaube da stehen eher andere Sachen äh hintenan als das Familienzentrum, das ist schon so, aber ich denke, Zeit kann man nie genug haben, ne und ähm ja man (k) wer, wer kann das von sich sagen, dass er das, was er sich vornimmt im Job, oder das er dafür halt die ausreichende Zeit hat, das fände ich schon beeindruckend, wenn das jemand könnte, also ich kann es nicht" (Frau K 145-157).

Mit zunehmendem Alter und Berufserfahrung werden die zeitlichen Herausforderungen gelassener angegangen:

> „Hab' ich ausreichend Zeit für mein (k), ja, also ich will mal so sagen, es gibt ja so die, die Leute, äh die ähm mhm ja, die nach außen immer so darstellen, sie haben so viel zu tun und eigentlich schaffen sie das auch alles gar nicht mit der Zeit und kriegen es auch nicht hin, oder so; also das bin ich nicht. Vielleicht lasse ich vielleicht auch einfach mit zunehmenden Alter dann was liegen (,) keine Ahnung weiß ich nicht, aber ähm ich denke (k) ich würde sagen, ja, das ist ok für mich, ja" (Frau L 153-158).

In Niedersachsen sind die Rahmenbedingungen im Personalbereich deutlich besser als im nordrhein-westfälischen Modell:

"... ich habe relativ viele Überstunden immer wieder, ich habe das auch meinem Arbeitgeber gesagt, wir sind ein Leitungsteam, wir sind beide freigestellt mit neununddreißig Stunden, unsere Koordinatorin hat fünfundzwanzig Stunden und es reicht bei weitem immer noch nicht aus. Der Arbeitgeber hat das wahrgenommen, wir kriegen jetzt auch (k) wir haben eine Kindertagesstättenfachwirtin, die die Ausbildung gemacht hat, die darf aus der Gruppe sich rauslösen zu bestimmten Zeiten, dafür kriegen wir auch nochmal eine zusätzliche (k) eine zusätzlich Kollegin, weil die auch feststellen, dass wir einfach das nicht leisten können, also die Zeit fehlt, und ich glaub schon, dass wir gut strukturiert sind, weil Frau S. meine Leitungsvertretung rein äh administrative Arbeit macht, das heißt nicht, das sie nicht auch Elterngespräche führt, wenn ich nicht da bin, weil sie überall auch informiert ist, die macht die Finanzen, ich mach also Geschäftsverbindungen und äh Honorarkräfte mache ich mit der Koordinatorin zusammen..." (Frau M 338-349).

"Ja dadurch, dass ich eben wirklich Vollzeitleitung bin, ähm habe ich ausreichend Zeit für meine Leitungsaufgaben. Es wird sich sicherlich nächstes Jahr noch zeigen, ob ich auch anfange eigene Angebote zu, zu ‚zu kreieren und zu schaffen (,) es geht jetzt schon los, also wir (k) so Kooperationsangebote, die wir haben wie Repaircafé oder Begegnungscafé oder solche Sachen, wo ich auch selber dann in den Angeboten mit tätig bin, Neubürgerstammtisch, den wir eingerichtet haben, ähm das ist dann natürlich nicht mehr klassische Leitung, sondern wirklich auch durchführen von Angeboten, aber ansonsten habe ich für die Leitungsaufgaben ausreichend Zeit, ja" (Frau H 167-174).

Die zur Verfügung stehenden Zeitressourcen werden zunehmend durch neue Aufgaben stark beansprucht:

"... eine größte (k) eine der größten Herausforderungen ist für mich die ähm absolut zu knappe Koordinationszeit und innerhalb der Koordinationszeit, die mir zur Verfügung steht, die vielfältigen Aufgaben wahrzunehmen, ähm also letztendlich ähm funktioniert vieles meiner Arbeit nur, indem letztendlich Beziehung gepflegt wird, indem ähm Vertrauen erarbeitet wird, indem ich ähm mit

> *Menschen letztendlich ganz eng auch im Kontakt bin, diesen Kontakt auch pflegen kann und ganz oft ist so viel an (k) also so vielfältiges zu tun, dass die, die Zeit der Koordination nicht ausreicht. Mhm und eine, eine ganz große Herausforderung ist mit Sicherheit auch ähm, dass an die an die Familienzentren inzwischen einfach ähm ganz viele Aufträge weitergegeben werden. Immer wenn es (k) ich hab' das Gefühl immer wenn es ein gesellschaftliches, oder auch städtisches Thema gibt, dann fällt allen sofort äh (k) fallen allen sofort die Familienzentren als erstes ein, ähm ja ohne die Rahmenbedingungen entsprechend zu verändern" (Frau D 121-132).*

Ergänzend finden sich in beiden Bundesländern zusätzliche (anteilige) Personalkapazitäten etwa in Form von Sonderprogrammen wie dem Rucksackprojekt oder Kitaplus:

> *„… aber trotz allem sag ich, wenn keine Koordinatorin hätte, dass ich das nicht leisten könnte als Leitung und da haben wir auch eben nicht nur 19,5 Stunden, sondern 25 Stunden und durch das Rucksacklotsenprojekt, was wir ja jetzt auch noch später (k) also noch mehr entwickeln, das wir da ab dem nächsten Jahr mehr Stunden bekommen, sonst würde ich das abgeben müssen, das hätte ich nicht leisten können" (Frau M 39-44).*

> *„Personell, man (k) ich mein (k) man muss schon sagen, für die, für die Leitung einer Kita und des Familienzentrums, das ist schon nen Doppeltjob, ne. Ähm da wärs natürlich schon ganz nett, wenn man nochmal explizit Stunden hätte nur für das Familienzentrum, das wäre natürlich nochmal ne große Erleichterung. So knapp ziehe ich das in der Regel nochmal von meiner Dienstzeit mit ab, dann fehle ich natürlich anderen Ecken. Ähm, ja, aber wir haben da jetzt auch die Möglichkeit, oder wir haben jetzt eine Person, die diese Pluskitastelle ähm hat, also für ne Stelle (k) ne halbe Stelle für Einrichtungen mit besonderem Unterstützungsbedarf" (Frau K118-125).*

Zusammenfassend lässt sich durchgängig ein zu geringer Stellenumfang in den Bereichen Leitung, Koordination und Veraltung bemängeln:

„Also ähm ich äh (,) wenn ich das optimieren könnte, wäre das mindestens ne ganze Stelle, zur Zeit habe ich 19,5 Stunden, und äh eine Sozialpädagogin im Anerkennungsjahr wäre mindestens noch nötig. Das ist meine mein Wunsch und auch mein Ziel, wobei keine Aussichten im Moment darauf sind" (Frau C 118-121).

„... natürlich wäre es schön, wenn man nochmal fünf sechs Stunden mehr hätte, ähm aber ich hab' ja ganz tolle Mitarbeiter und da gebe ich einfach auch Sachen ab ..." (Frau B 157-162).

„... Dann hätt' ich ne Verwaltungsfachkraft noch an der Seite" (Frau H 177).

„... ich hätte mindestens zwei bis drei Mitarbeiter für die administratorischen Tätigkeiten, damit ich schauen kann ähm inwieweit ich auch noch das Familienzentrum ausbauen kann, ähm ja (..) hätt' ich mindestens noch zwei bis drei Mitarbeiter und hätte dann auch ähm wenns mir möglich wäre, ne Vollzeitstelle ..." (Frau N 123-126).

Ein neues Berufsbild „Koordinatorin", wie von Heike Engelhardt beschrieben (2015, S. 135), entsteht aus Sicht der Familienzentrumsleitungen nicht.

5.4.2 Räumlichkeiten

Noch dringlicher als ein angemessener Stellenumfang für Familienzentrumsleitungen und Koordinatorinnen sind ausreichend vorhandene Räumlichkeiten sowohl in der Kindertageseinrichtung als auch bei den zahlreichen Kooperationspartnern. Leitungskräfte verbringen einen nicht unerheblichen Teil ihrer Arbeitszeit damit, Räumlichkeiten für Kurse, Veranstaltungen oder Beratungen zu organisieren, umfangreiche Belegungspläne auszuarbeiten und bei Belegungskonflikten zwischen unterschiedlichen Interessengruppen zu vermitteln. Paradoxerweise sind die Leitungskräfte auch von Raumproblemen betroffen, haben in der Mehrzahl nur sehr kleine Büros, in denen auf Grund der hohen Zahl an Besucherinnen und Besuchern oftmals nur eingeschränkt ungestört gearbeitet werden kann. In Einzelfällen wird die Arbeit sogar mit nach Hause genommen, um dort in Ruhe weiterzuarbeiten. Für die Teamarbeit stehen zwar generell eigene Räume zur Verfügung, die aber auch anderweitig genutzt werden und bei Expansion der Belegschaft schnell zu klein werden:

„... die Räumlichkeiten für uns als Leitungsteam ganz schlecht, Pausenräume ganz schlecht, weil wir einfach immer mehr Mitarbeiter bekommen haben und der Raum ist hier einfach zu klein für über dreißig Mitarbeiter. Wir haben noch einen (?), da sitzen wir dann auch. Im Sommer gehen wir auch raus, aber ähm wir haben sicherlich jetzt schon (k) die Koordinatorin hat einen PC und hat einen eigenen Raum, der aber eben wie gesagt für Elterngespräche genutzt wird und auch für Pausen zu bestimmten Zeiten, dann haben wir im Mitarbeiterraum für meine Leitungsvertretung nen Arbeitsplatz, das ist auch nicht sehr förderlich, weil um die Mittagszeit ist hier das Leben, ja und mein Büro ist glaub ich noch das beste von allen, aber auch das ist laut, es ist zentral, es ist schön fürs Klientel, weil jederzeit Bereitschaft (?) ansprechbar ist, aber ich würde gern in Ruhe arbeiten und würde auch noch mal ne Schallschutztür haben und habe auch schon Sprechzeiten eingeführt und auch ähm den Anrufbeantworterabend, das musste man ja auch erstmal Eltern klar machen, dass man nicht jeder Zeit da zur Verfügung steht, damit sie auch verstehen, wir müssen auch andere Dinge arbeiten, das ist nicht gut also , da sitzen wir auch mit dem Träger schon zusammen jetzt auch am Donnerstag wieder. Ich wünsche mir hier einen Anbau, der war schon mal geplant, weil es reicht nicht. Die Kapazitäten sind da zu eng. Für die Kinder, die Räume sind gut, für Kurse sag ich mal muss (k) ist es ne Logistik ganz klar, wir kriegen das schon relativ gut hin, aber wir brauchen da mehr Räume, und da haben wir auch schon mal angefragt, ob wir Räume mieten können hier in der Umgebung, weil es gibt ja doch mal den einen oder anderen Kiosk der frei macht und ähm ja das ist immer noch nen Thema zwischen Träger und uns, weil da brauchen wir einfach mehr Platz ..." (Frau M 306-327).

„... wir haben zwar das Glück zwei äh Besprechungsräume wohl noch zu haben, aber ansonsten sind es die Räume aus der Kita Büroräume, Nebenräume und Mehrzweckraum, da haben wir jetzt *nicht noch zusätzliche Räume, die dann einfach mal so frei sind, ähm da muss man immer schon ein bisschen gucken, das wäre wünschenswert, da noch ein bisschen mehr Platz zu haben..."* (Frau L 146-150).

„Wir haben äh leider keine extra Räumlichkeiten für das Familienzentrum. Wir müssen, (k) wir sind da auf die Räumlichkeiten der Kindertagesstätte angewiesen, wir haben ein paar kleine Nebenräume, (..) die sind für Einzelgespräche, oder für kleine Gruppen sehr geeignet, aber wenn sich hier Eltern oder Familien so direkt treffen wollen zu einem Café, das können wir denen nicht so bieten, da reichen die Räumlichkeiten auch nicht aus, es sei denn es ist nur ne Gruppe mit vier fünf Leuten, dann könnten die in die Kinderküche gehen ..." (Frau A 107-113).

„... die räumlichen Kapazitäten finde ich zum Beispiel hier nicht ausreichend nein (,) also X-Kindergarten ... ... da geht es ja finde ich noch von den Räumlichkeiten, aber ähm hier ist (k) haben wir ja noch nicht mal so ne Turnhalle, wie im T. das heißt es ist alles beschwerlich, also wir haben ja gar noch nicht mal so viel Stühle, die man irgendwo mal lagern kann, um dann auch mal nen Elternabend zu machen mit vielen Eltern, mit vierzig Eltern, das, das wird ja hier schon (k) logistisch wär das schon grenzwertig für uns, also ich find, das ist sehr schade. Ja solche Sachen, oder die Küche (k) die Küchen (..) Ausrichtung, die ist ja einfach winzig hier zum Beispiel das heißt, es reicht oft nicht für solche Angebote, die man dann machen könnte. Wir machen natürlich viel mit der Schule drüben im ... den (k) X-Kindergarten, weil wir da die Präventionskurse machen und da haben wir dann halt immer noch die Turnhalle oder nehmen das T-Zentrum mit, also das nutzen wir dann halt, das ganze Areal der Vereine, das ist dann ganz gut, weil sonst würden die Räumlichkeiten oft nicht ausreichen" (Frau I 165-177).

Wie von Frau I. treffend beschrieben, erfordern die zunehmenden räumlichen Anforderungen an Familienzentren ein hohes Improvisationstalent, Flexibilität und Kooperationen mit anderen Institutionen, um alle Angebote durchführen zu können und die Kriterien des Gütesiegels zu erfüllen.

Bei Frau D. löst die Frage nach angemessenen Räumlichkeiten erhebliche Heiterkeit aus, scheint es doch in dem betreffenden Familienzentrum ein Dauerthema zu sein:

> „Nein (lacht) nein, nein, nein, (lacht erneut) ich, also ich fange mal an bei den räumlichen Gegebenheiten, weil das ist der Schuh, der im Moment tatsächlich am aller, allermeisten drückt bei uns. Ähm, wir äh sind in der Situation, dass wir ein neues Familienzentrum bauen dürfen, wir sind sozusagen in der Planung dazu, allerdings zieht sich diese Planung jetzt über mehrere Jahre schon hin und eigentlich glaubt so salopp gesagt fast keiner mehr daran, dass dieses neue Haus irgendwann steht. Ähm dieses neue Haus wird konzipiert sein von Anfang an als Familienzentrum, das heißt es sind ähm Kita - also Kindergarten und Krippenräume direkt mit ähm Zentrumsräumen unter einem Dach. Das ist für uns ähm ne ganz gute, optionale Zukunftsaussicht, da irgendwann mal solche räumlichen Bedingungen zu haben. Ähm, in diesem neuen Haus wird es dann so etwas wie tatsächlich eigene Zentrumsräume mit eigenem Multifunktionsraum, mit einer Küche zum Beispiel und einem Innenbereich, wo es so Elterncafés, und ähm Begegnung möglich ist (,) mit einem Mittagstisch und so geben. All das sind für sich eigentlich Grundlagen von Familienzentrum und die lassen sich im Moment absolut nicht umsetzen. Ich teile mir im Moment ein ähm ein Raum bei uns im, im alten Kitagebäude mit allen Kindern (,) mit fünfundneunzig Kindern, fünfundneunzig Familien, rund ähm ich glaub wir sind jetzt siebzehn Mitarbeiter und ähm das sorgt immer wieder für Chaos. Das ist ne hohe Flexibilität, es erfordert ganz viel auch ähm Aufwand, zeitlichen Aufwand, aber auch körperlichen Aufwand die Dinge hin und her zu räumen und deswegen ist die Raumsituation ähm das, was am wenigsten passt" (Frau D 279-297).

Die Verteilung eines Familienzentrums auf unterschiedliche Orte erweist sich als unglücklich und erfordert viel zusätzliche Zeit und Energie:

> „Die andere (Herausforderung T.H.) ist auch die dezentralen Räume (,) sind auch äh etwas, die viel Zeit äh sprengen und meine Zeit sprengen und äh eben dies (k) diesen Zusammenhalt in einem

Hause eben nicht ermöglichen, weil es viele Räume sind, viele Häuser. Das find ich ne große Herausforderung, das gleichmäßig zu verteilen oder eben auch so bekannt zu machen, an so vielen Orten" (Frau C 39-43).

Mit zunehmender Dauer verbessert sich die Raumsituation in vielen Familienzentren:

„Räumlichkeiten waren auch lange ähm Zeit äh nicht günstig, waren viel zu wenig, viel zu klein, äh viel zu weit weg und zu al (k) od (k) oder zu alt, da hat sich viel getan, da hat sich in der Zeit des äh der Projektarbeit, wo ich noch nicht hier war, äh doch vieles umgestaltet, renoviert wurden und äh es sind auch Räume dazugekommen, die wir äh für die Kindergärten äh Leiterinnen und für uns selbst nutzen können, wie diesen hier, wo wir gerade sitzen. Also ähm ich denke aber, dass eben dieser zentrale Raum für ein Café oder einen Treffpunkt, der eben von außen auch sichtbar ist, absolut fehlt und nötig wäre. Das wäre ein ganz wichtiger Punkt" (Frau C 107-114).

„Wir haben ja das Glück jetzt auf einen Aktionsraum zurückgreifen zu können, direkt hier im Haus. Seitdem wir diesen haben äh und auch diesen Personalraum nutzen können, um Beratungsangebote an (k) anbieten zu können, ähm sag ich mal gibt's da (k) gab's nochmal so ne dreihundertsechzig Grad Kehrtwendung, also das war bei uns so ne Erleichterung, dass wir eben nicht mehr Möbel schlüren mussten, oder Stühle, ne Gruppe Freiräumen für Angebote, das würd einfach nicht mehr funktionieren, weil wir so viele Ganztagskinder auch betreuen. Also von den Räumlichkeiten her sind wir da völlig zufrieden" (Frau K 109-116).

In Familienzentren, die von Anfang an durch die Kommunalpolitik unterstützt wurden, ist die Raumsituation deutlich besser, da den Verantwortlichen in den Kommunen die entsprechenden Notwendigkeiten von Anfang an bekannt waren, politische Beschlüsse zur räumlichen Erweiterung erheblich leichter gefällt wurden:

„Natürlich ist es räumlich so, es ist immer ne Frage wer plant, was wird geplant. Planen tun in der Regel Architekten, ähm durchfüh-

ren wollen nachher Pädagogen Angebote, insofern sind da manchmal ich sage mal Zielkonflikte, (lacht) die auch hier ne Rolle spielen. Es gibt sicherlich, das ist Jammern auf hohem Niveau ähm, Lagerfläche, die nen bisschen fehlt ähm, oder solche Geschichten, aber das ist sage ich ja Jammern auf hohem Niveau. Jetzt sind äh Räumlichkeiten im Seminarbereich, im Kunstbereich, im äh im Beratungsbereich, im Sportbereich, im Kochbereich im, im Begegnungsbereich stehen hier zur Verfügung und ähm die auch wirklich nicht mit Kita oder sonst irgendwem geteilt werden müssen und das ist äh (k) das ist nen Paradies, was das angeht und alles andere traut man sich an der Stelle, wenn man weiß, wie es woanders ist, ähm nicht wirklich zu sagen (lacht)" (Frau H 155-165).

„*Ähm räumlich, da sind wir gut ausgestattet, wir haben Außenstellen, wir haben ne Außenstelle im Bahnhof, der ist toll eingerichtet mit Küche und kleinem Büro und noch zwei weiteren Räumen einfach, Wickelmöglichkeiten, also das ist schon, ist schon gut und auch zwei Turnhallen, die wir belegen können, das sind, das sind schon gute Sachen und auch sachliche Sachen (..) das ist eigentlich auch alles vorhanden, klar könnte es immer mehr und alles besser und, und, und toller sein ähm (..) aber das wollen wir nicht zu unserem Problem machen, sagen wir's mal so, sondern mit den Sachen, die vorhanden sind, einfach arbeiten, weil dann würden wir uns da wieder dran aufhalten, und wie schlecht das alles ist"* (Frau B 135-142).

„*... ich hätte auch gern noch mehr Räume (,) ähm wir haben Visionen, wir bauen noch an auf dem Dach (lachend) Aber ich möchte mir im Moment kein (k)kein Bau mehr ans Bein binden, weil ich einfach genug zu tun habe ..."* (Frau O 142-144).

Die Raumsituation wird entspannter, wenn das Familienzentrum nicht direkt an eine Kindertageseinrichtung angebunden ist:

„*... ansonsten räumlich bin ich gut aufgestellt, durch den Umzug auch. Ich hab' hier äh zwei Räume zur Verfügung, wo ich auch ungestört arbeiten kann, wo ich mich mit den Familien auch zu-*

rückziehen kann, ähm es ist sehr zentral, dadurch dass es jetzt hier am Rathaus auch angebunden ist, ähm (..) ja, ist gut, bin ich zufrieden damit" (Frau N 109-113).

Da die Räumlichkeiten der Familienzentren von vielen Gruppen und Vereinen genutzt werden, entsteht für deren Leitungen ein erheblicher Aufwand, die Belegung zu koordinieren:

„Die Netzwerkpartner müssen ein bisschen flexibel sein (lacht), ähm dass sie zum Beispiel mal nicht in den angestammten Raum können, ne. Jetzt vorm Weihnachtsbasar war der Deutschkurs leider in der Turnhalle. Aber das haben die super mitgemacht, also die müssen ein bisschen Flexibilität mitbringen und dann klappt es super. Ähm (,) das ist auch so, dass die unsere Gäste ungeheuer davon profitieren von dem was wir alles im Haus haben. Neben den Deutschkursen und den Spielkursen haben wir ja Ergotherapie im Haus ähm Logopädie und Krankengymnastik und die nutzen alle unsere Räumlichkeiten ... Die Frühförderstelle von nebenan nutzt unsere Räumlichkeiten in den späteren Stunden, wo wir drauf verzichten können und das klappt eigentlich sehr gut. (,) ohne die ging´s nicht. Ja ... mhm" (Frau O 128-136).

„Die Termine zu koordinieren (lacht) so Vermietungssachen sind doch schon (,) da wir drei oder vier Räume haben die vermietet werden, wenn jetzt gerad so ne Situation ist, wie ne Eltern-Kind-Gruppe muss jetzt ähm oder möchte jetzt gerne hier in das Haupthaus von der Lebenshilfe ähm und da sind aber andere Termine, da ist ne Turngruppe oder sowas, das einfach zu koordinieren und dann auch den Leuten allen mitzuteilen, dass ich keinen vergesse, dass ich allen Bescheid sage von Haustechnik über Chefin, also alle nicht vergessen, dass die dann nicht sagen, wie jetzt ich wusste ja gar nicht das irgendwer hier ist und das finde ich dann immer schwierig" (Frau B 61-69).

Die technische Ausstattung ist nicht immer optimal; bisweilen fehlen sogar ein Internetzugang oder ausreichende Computerarbeitsplätze:

„Ähm, klar wäre das toll, wenn man da jetzt (..) Räumlichkeiten hätte, wo jeder nen Computer hat und dann, ja das wäre vielleicht

was, wenn das jetzt so ne Möglichkeit wäre oder wenn das jetzt so nen Wunsch, wenn ich mir das zusammenstellten könnte, dann wäre glaub ich das Büro sowas ..." (Frau B 164-167).

„Ich sage mal wir haben viel Technik. Wir haben auch Laptops noch bekommen für die Mitarbeiter, die können auch drüben in die, in die Räume gehen, wenn dann keine Kurse drüben sind, also ich sage mal die Ausstattung ist schon da, aber es ist von den Räumlichkeiten nicht gut, das müsste besser werden, das fehlt uns. Also jetzt für die Arbeit, äh Verfügungszeit, Elterngespräche geht es, weil da machen wir auch logistisch das hier in diesem Raum, oder eben im (?), das funktioniert gut, aber dann leiden die Mitarbeiter, weil sie dann da nicht Verfügung drüber haben, also das ist nicht glücklich, das fehlt uns" (Frau M 329-336).

Die fehlenden Räumlichkeiten verdeutlichen eindrucksvoll, dass einige Familienzentren bereits weit über ihre Möglichkeiten hinaus arbeiten, Angebote machen und ein Ende der ungünstigen Raumsituationen nicht abzusehen ist. Politische Unterstützung von Familienzentren bedeutet eben auch, entsprechende bauliche Maßnahmen zu fördern und zu finanzieren.

5.4.3 Finanzen

Die finanzielle Ausstattung von Familienzentren in Nordrhein-Westfalen und Niedersachsen unterscheidet sich sehr deutlich: Im Landesprojekt Nordrhein-Westfalen beträgt die jährlich gesetzlich vorgesehene Förderung 13.000 bzw. 14.000 Euro, während die kommunal organisierten Familienzentren in Niedersachsen bis zu 40.000 Euro erhalten. Gleichwohl gibt es in beiden Bundesländern sehr unterschiedliche, ambivalente Einschätzungen hinsichtlich der notwendigen jährlichen Fördersumme, was angesichts der doch sehr divergierenden Beträge ein wenig überrascht. Trotz der geringen Fördersumme in Nordrhein-Westfalen sagen einige Leitungskräfte, dass die Landesförderung durchaus ausreichend ist:

„Ähm finanziell muss ich sagen ich komme mit dem vorhandenen Geld immer gut hin (lacht). Ich hab' also auch keine Probleme,

also auch ähm ja eigentlich die Angebote zu finanzieren, die anstehen, das passt" (Frau K 116-118).

„ ... die Finanzen ist so das eine, das (k) gut, das geht schon so ... " (Frau L 145-146).

Die Aufgaben des Familienzentrums von Frau I. können nur bewältigt werden, indem Personalkosten aus anderen Quellen bestritten werden:

„Ich sag mal so, wir kommen mit dem Geld hin, hm. Äh ich finde personell müsste mehr Geld da drinstecken. Es müssten definitiv mehr, mehr Stunden dafür drinnen vorhanden sein fürs Personal, weil wir viel zu viel aus dem nor (k) normalen Budget ziehen müssen ... " (Frau I 157-159).

Frau E. macht sehr ambivalente Erfahrungen im Landesprojekt; einerseits reicht das Geld für die Ausstattung des Familienzentrums durchaus, andererseits sieht sie, dass Personal angesichts der geringen Fördersumme nicht zusätzlich eingestellt werden kann:

„Ja, finanziell ist die Frage, manchmal geben wir das Geld nicht mal aus (lacht), äh wobei ich denke, ähm wenn wir jede (k) wenn wir das Personal bewilligt bekämen, das könnte man ja auch, müsste (k) es müsste mehr Personal über diesen Topf äh eigentlich eingestellt werden, es müsste zusätzliches Personal finanziert werden, aber das gibt 13.000 Euro nicht her, also dass muss man einfach sagen, das geht nicht, da kann man vielleicht mal nen Minijob mit finanzieren, aber das ist auch alles. (..) Ja (..) und wenn man dann überlegt, dass man davon räumlich irgendwelche Ausstattungsgegenstände, oder sogar nen ganzen Raum mal zusätzlich haben müsste, das gäb' ja keine 13.000 Euro her, also eigentlich müssten Familienzentren, müsste in den ähm ja Plänen also, also in dem Raumprogramm des LWL (Landschaftsverband Westfalen-Lippe, T.H.) müsste für Familienzentren eigentlich auch ein extra Raum mitenthalten sein, ist aber nicht vorgesehen" (Frau E 178-188).

Andere nordrhein-westfälische Familienzentren haben erhebliche Existenzsorgen angesichts der geringen Fördersumme:

„... wir zapfen noch neben dem Familienzentrumsgeld, zapfen wir noch verschiedene Quellen an, aber es ist überhaupt kein bisschen ausreichend. Ich würde meinen Kursleitungen gerne mehr bezahlen ..." (Frau X 139-142).

In Niedersachsen orientieren sich längst nicht alle Kommunen an den 40.000 Euro Förderung pro Jahr. Frau A. und Frau B. müssen die finanzielle Absicherung immer wieder neu sicherzustellen:

„Meine Zukunft im Familienzentrum, das hängt ja immer davon ab, wie viele Gelder wieder ausgeschüttet werden, oder ob die Gelder, die ich jetzt, in den letzten zwei Jahren zur Verfügung habe, ob die im laufenden Jahr dann auch wieder anstehen, da (k) des entscheidet der Landkreis immer. Wir müssen ja Ende des Jahres, also meine anderen Leitungskollegen, die auch ein Familienzentrum leiten, und ich, einen Bericht äh für unser Haus jeweils abgeben und dort erklären und Daten benennen und beschreiben, äh wie wir hier arbeiten äh gearbeitet haben und ähm welche Kontakte wir hatten, was für ein Zeitraum das war (,) ja und das wird dann zum Landkreis eingereicht und der entscheidet dann wieder neu. Also von daher kann ich gar nicht sagen, dass wird fünf Jahre so weiterlaufen, oder wird das mehr werden, das ist immer dann Daten, Zahlen, Geld abhängig" (Frau A 135-144).

„Ja finanziell könnte natürlich mehr sein (lacht). Es ist so, wir sind nicht gefördert vom Land oder von Aktion Sorgenkind, oder sowas, wie das in Nordrhein-Westfalen ist, das ist schon über die Lebenshilfe, oder über Spenden, das wir versuchen Spenden einfach reinzukriegen ..." (Frau B 132-135).

Ähnliche Erfahrungen hat Frau D. in der Aufbauphase gemacht:

„Ich hätte mir nen größeren (k), ähm ne größere finanziellere Unterstützung, also ne sichere finanzielle Unterstützung gewünscht, ähm weil das von Anfang an ein ganz bedrohliches Schwert über uns war. Wir wussten als die Finanzierung dann stand, dass sie begrenzt war und das wir letztendlich zwei Jahre Zeit haben, und uns (k) um uns zu bewähren und die ähm Finanzierung, die wir damals hatten war ausschließlich die Koordinationsstelle, das

heißt ich hab' keinerlei ähm Ressourcen für Sachmittel gehabt und ähm das war schwierig, weil ein Großteil meiner Koordinationszeit am Anfang für das ähm Beschaffen von Geldern draufging im wahrsten Sinne ..." (Frau D 86-93).

Mittlerweile hat das Familienzentrum von Frau D. aber eine dauerhafte Finanzierung, was erhebliche Arbeitserleichterung für die Koordinatorin bedeutet:

„Nichts desto trotz und da (k) und das sage ich auch gern an dieser Stelle bin ich froh, dass wir im Gegensatz zu anderen Familienzentren nicht ähm in der Situation sind, dass wir am Ende des Jahres immer nicht wissen, geht es nächstes Jahr weiter (-). Wir haben eine, eine feste Finanzierung, eine im Moment auch unbefristete Finanzierung mit der wir letztendlich auch eine große Planungssicherun (k) sicherheit auch haben, also von daher ist es sowas zweigeteiltes" (Frau D 303-308).

Die finanzielle Absicherung von Familienzentrumsarbeit erfordert kommunalpolitische Überzeugungsarbeit:

„Die finanziellen äh Dinge sind sehr unterschiedlich ge äh (k) gelaufen, weil äh das erst ein Projekt war, jetzt äh auf feste Füße gestellt wird über die Stadt, da hat sich schon etwas verändert zum Positiven (,) also auch eine gewisse äh Sicherheit äh hat sich im Laufe der Zeit durch viele Kämpfe der Träger mit der Stadt äh ergeben, die recht positiv aussehen, so so Fünfjahresplanung sozusagen jetzt möglich ist ... ... für Referenten und dergleichen sind eigentlich recht gute Möglichkeiten da (,) ähm es äh die Gelder sind da (,) ja erstmal ausreichend, wenn, wenn man mehr äh macht je länger man arbeitet desto mehr wäre da auch nötig, also es müsste eine Steigerung geben" (Frau C 98-107).

Frau I. stellt im nordrhein-westfälischen Modell neuerdings fest, dass die Kooperationspartner, insbesondere Erziehungsberatungsstellen, sich ihre Angebote aus Familienzentrumsmitteln bezahlen lassen wollen - eine Tendenz, die im Gütesiegel so nicht vorgesehen ist und die finanziellen Spielräume der Familienzentren weiter einengt:

„... im Moment habe ich manchmal so die Tendenz weniger ist mehr, aber dann würden wir ja unsere Pünktchen nicht zusammenkriegen, ne (-) (..) so, ist das ja. Das ist auch nen Druck und ähm es wird sich ja auch noch erschweren, weil ich weiß, das auf jeden Fall, äh wir bezahlen ja die Erziehungsberatungsstelle schon pro Anwesenheit mit nicht wenig Geld, die EFL, also ich arbeite ja auch noch in der Ehe- Familien- Lebensberatung als Beraterin ähm (..), da weiß ich auch, dass äh die auch überlegen, ob die überhaupt noch kooperieren können mit uns, weil sich das finanziell nicht mehr lohnt mit dem ganzen Aufwand, dem Verwaltungsaufwand, das heißt äh auf Dauer äh kann das so aussehen, dass wir immer mehr so einkaufen müssen, dass es dann mit dem Geld definitiv auch knapp wird, weil wenn ich dann überleg, dass wir die EB dann für zweimal kommen mit tausend Euro bezahlen, ich meine, äh das ist echt ne Größenordnung und wenn ich dann noch denke, dann kommt ne Beraterin der EFL hierhin, oder bietet ne Beratung an ne niedrigschwellige und wenn die alle ihre Ge (k) Stundensätze so haben, dann wird's schwierig, also da ändert sich ja auch nochmal was, das auch viele Kooperationspartner glaub ich auf Dauer vielleicht auch aussteigen, wenn die nicht auch extra dafür Geld bekommen und bisher war das dann hier in Y. so, dass äh man dann gesagt hat ok vom Jugendamt dann macht ihr das mit den Familienzentren, das ist so nen nicht ausgesprochenes Agreement, aber jetzt wird's denen halt langsam zu viel und dann geht's ums abrechnen und dann wird's schwierig, so sieht's gerade aus" (Frau I 203-221).

In bereits länger existierenden Einrichtungen werden Spenden- und Sponsorenakquise auf Grund fehlender Mittel als zusätzliche Finanzierungsmöglichkeiten zunehmend in Betracht gezogen.

5.5 Sozialraumkompetenz

Ein wesentlicher Unterschied zwischen Kindertageseinrichtungen und Familienzentren stellt deren konsequente Orientierung am Sozialraum dar. Das Fachkonzept Sozialraumorientierung entstammt der Sozialen Arbeit und ist gekennzeichnet „durch den konsequenten Bezug auf den

Willen und die Interessen der Menschen, durch systematische Arbeit mit den Potentialen der Leistungsberechtigten ... und einer wachen Aufmerksamkeit für das Lebensumfeld der Betroffenen, also in der Regel für das Wohnquartier oder die jeweilige Bezugsgruppe" (Hinte 2014, S. 16). Das Gütesiegel Nordrhein-Westfalen beinhaltet „Sozialraumorientierung" als eigenes Qualitätskriterium, allerdings ohne nähere wissenschaftliche Begründung. Lisa Jares konstatiert „dass die Begriffe Sozialraum und Sozialraumorientierung von der Untersuchungsgruppe der Familienzentren Nordrhein-Westfalen selbstverständlich genutzt werden" (2016, S. 233). Sozialräumliches Handeln kann so gesehen als eine Kernkompetenz in der Familienzentrumsarbeit bezeichnet werden.

In Niedersachsen sind sozialräumliche Kenntnisse und Kompetenzen für Leitungskräfte in der Praxis stark gefordert, wie Frau D. anschaulich beschreibt:

„Also eine große Herausforderung, liegt tatsächlich in dem, wir arbeiten ja nach drei Grundprinzipien sozusagen und ein, ein Grundprinzip ist ja die Öffnung in den Stadtteil und ähm, mittlerweile nach ähm nach den, nach den Jahren ist klar, die Öffnung hin zum Stadtteil ähm gelingt relativ gut und ist uns auch wirklich gut gelungen, also dieses Türen öffnen und die Familien einladen, Stadtteilbewohner einladen zu uns ..." (Frau D 111-116).

Familienzentren wirken in das jeweilige Quartier, den jeweiligen Stadtteil hinein, indem sie Angebote für alle dort lebenden Menschen vorhalten. Die größte Herausforderung für Leitungskräfte ist es nun, den Zugang zu Familienzentren in einem doppelten Wortsinn zu ermöglichen: einerseits durch entsprechend bauliche und räumliche Veränderungen, die einen ungezwungenen Besuch im Familienzentrum ermöglichen, andererseits durch gezielte Ansprache der Menschen:

„ ... ansonsten äh ist es natürlich auch immer ähm, weil dieses Haus ja noch recht neu ist so, dass sehr viele Bewegungen äh von außen kommen und Erwartungen, da gibt es noch viel Entwicklungspotential (,) zum Beispiel eben auch ähm brauchten wir einen Punkt, einen Raum, äh wo ein Café stattfindet, also wo es dann wirklich einen Treffpunkt gibt, der nach außen mehr wirksam ist. Solche Dinge sind immer noch in der Entwicklung also eben auch

archetonische ähm (k) architektonische Fragen, da gibt es sehr vieles" (Frau C 54-60).

„Natürlich gibt es einen Grundstock an Angeboten, was jedes Familienzentrum klassischer Weise hat, wie das Elternfrühstück, oder Elterncafé oder, wie auch immer, wie Elternbildungsprogramme, aber letztendlich liegt eine der großen Herausforderungen für mich wirklich individuell zu gucken ähm und zu gucken, was brauchen die Familien bei mir im Stadtteil und dieses ähm (k) diese, diese (k) dieses Individualisieren des Stadtteils, der Familien und auch der einzelnen Stadtteilbewohner, das ist ein Thema für mich" (Frau D 160-165).

Die Initiative für neue Projekte kann auch von Eltern ausgehen wie idealtypisch im folgenden Beispiel:

„... Café Kinderwagen, von den frühen Hilfen (,) die Leiterin ist Kindergartenmutter bei uns und hat eben gesehen, dass das wir hier äh offen sind für alles Neue und für die Gemeinde eben da sein wollen und die hatte mich angesprochen ob die den (k) das Café Kinderwagen hier ähm (..) ja integrieren können und dann ham' wir gemeinsam überlegt und das ist hier auf einen ganz guten Weg gebracht ..." (Frau A 65-69).

Elterncafés oder vergleichbare Angebote sind gewissermaßen der Königsweg für Familienzentren, Kontakte in den jeweiligen Sozialraum hinaus aufzubauen. Frau M. verweist auf die vielfältigen dialogischen Möglichkeiten, die sich ergeben, wenn das Elterncafé sich erst mal herumgesprochen und etabliert hat:

„... wir haben natürlich als Klientel an erster Stelle 164 Kinder aus eigener Elternschaft, aber mittlerweile haben wir ganz viele Stadtteileltern auch, auch bei den Kursen, was wir sehr positiv erleben. Äh, das wurde uns gestern von den Flüchtlingen auch gesagt, dass die hier jederzeit bleiben können. Mittlerweile ist es beim Frühstück auch so in der Cafeteria voll mit Eltern, ähm die haben auch alle verstanden, die können den ganzen Tag hier hospitieren, das machen (k) es nehmen sich Eltern sogar mal Urlaub auch berufstätige und unsere Eltern signalisieren auch, ähm das

diese Arbeit Early Excellence, auch jetzt bei der Zertifizierung, einfach sie mehr einbindet, sie mehr im äh Dialog mit uns sind und nicht wir die Experten (,) so von oben herab sind, sondern man geht im Dialog wirklich sehr gut miteinander um, die Atmosphäre ist glaub ich sehr schön auch hier so ..." (Frau M 185-194).

Lediglich in Einzelfällen gibt es derartige Treffpunkte nicht:

„Wir haben ja diese ganzen Familienecken, die ja in den Kitas sind, aber die werden ja fast gar nicht angenommen ... also dieser Gedanke, dass Eltern sich hier treffen noch auf nen Kaffee, ist hier gar nicht, also von daher, da wäre bestimmt nochmal Beziehungspflege nötig ..." (Frau I 121-126).

Form und Ansprache im Rahmen der Öffnung in den Sozialraum wollen gut gewählt sein: Persönlich, konkret, mehrsprachig - Arbeitsformen, die mit klassischer Kitaöffentlichkeitsarbeit nur noch wenig gemein haben. Sie beanspruchen gerade in der Aufbauphase die Leitungskräfte und Koordinatorinnen erheblich:

„... in der Vorbereitung gab es auf der einen Seite ganz viel Öffentlichkeitsarbeit bei uns im Haus (,) noch gar nicht im Stadtteil, sondern wirklich erst einmal im Haus ähm um unsere unmittelbaren Familien sozusagen mitzunehmen in dieser Weiterentwicklung. Wir haben also ganz viel Informa (k) informiert über das neue Konzept, was wir vorhaben. Wir haben immer wieder betont, dass wir letztendlich in einem Prozess des Lernens und der Weiterentwicklung sind, ähm das war uns ganz wichtig, allen auch nach außen hin deutlich zu machen (,) ähm wir sind in der Vorbereitung, wir sind in der Entwicklung zu etwas, aber wir sind es noch nicht" (Frau D 65-72).

„... die Öffentlichkeitsarbeit ist immer noch Thema ähm, weil wir noch nicht komplett ausgerüstet und ausgestattet sind: Uns fehlen einfach noch Bilder zum Beispiel, Beschilderungen auf dem Gelände, uns fehlt noch ne Broschüre, damit man die Angebote irgendwie sichtbar machen kann. Öffentlichkeitsarbeit spielt aus meiner Sicht ne ganz, ganz große Rolle ähm hier steckt unglaublich viel Geld drin und unglaublich viel Potenzial und darüber

muss die Öffentlichkeit informiert werden, daher wird das sicherlich immer nen großen Teil meiner Aufgabe ähm sein und ähm ja ich glaub das bleibt eine spannende Tätigkeit und sie steht auch wie (k) nicht wie in anderen Familienzentren irgendwie zur Disposition oder so, dadurch dass es ja wirklich ähm gerad erst eröffnet wurde und von allen Seiten auch finanziell gewollt ist ..." (Frau H 81-85; 191-196).

Die Frage nach Bedarfen, Wünschen und Anforderungen von Nutzern des Familienzentrums ist ein Dauerbrenner. Erklärungsbedürftig für Eltern und Öffentlichkeit ist der Unterschied Kindertageseinrichtungen herkömmlicher Art und Familienzentren, zumal Eltern und vor allem Kindern die Sinnhaftigkeit dieser neuen Organisationsform zunächst nicht einleuchtet. Die Kriterien des Gütesiegels sind teilweise weit entfernt von dem, was sich Familien und Mitarbeiterinnen wünschen; die regionalen Gegebenheiten und kommunalen Besonderheiten werden nicht berücksichtigt, insbesondere im ländlichen Raum. So werden dort Sozialräume tatsächlich mit einem Radius von fünf Kilometern definiert - eine Vorstellung, die urban orientierten Wissenschaftlerinnen und Wissenschaftlern bei PädQUIS wohl ausreichend erschien, die an den geografischen Realitäten im ländlichen Raum aber völlig vorbeigeht. Hilfreicher sind da geteilte Erfahrungen, die Familienzentrumsleitungen bei der Bedarfsermittlung machen:

G: „Ich finde immer als große Herausforderung, oder es ist immer wieder eine große Herausforderung auf den Bedarf des Sozialraumes einzugehen, weil das ist ähm letztendlich auch, wenn wir diesen Sozialraum mitgestalten und mit in diesem Sozialraum leben, ist es immer wieder was Anderes (,) ähm wünscht sich der Sozialraum jetzt gerade, Angebote in die eine Richtung oder eher in die andere Richtung ähm das ist immer son (k) so nen Drahtseilakt finde ich.

F: (..) Ja, das kann ich nur bestätigen, wir haben ja auch schon mal äh ein Anschreiben an die Eltern rausgegeben, welche Wünsche haben sie (-), was könnten sie sich vorstellen (-). Es wurde auch viel angekreuzt und gemacht und wir haben daraufhin auch das Programmheft ziemlich danach gestaltet, aber die Beteiligung war dem entsprechend dann wieder sehr gering, ne".

G: Also was heute gefragt ist, ist vielleicht, wenn wir das überdenken und in unser nächstes Programm mit aufnehmen, was wir ja immer so planen ähm ist es vielleicht auch schon wieder vorbei" (Frau F, Herr G 77-90).

Um tatsächlich Wünsche und Bedarfe im Sozialraum zu erkennen, bedarf es expliziter Forschungsstrategien im Sinne von Praxisforschung, partizipativer Forschung, Sozialraumanalysen oder ähnlichen Forschungsmethoden:

„Die größten Herausforderungen sind (..) ähm die Netzwerke zueinander zu bringen und auch zu erforschen und zu erfahren, was ist überhaupt der Bedarf hier in der Samtgemeinde" (Frau B 48-49).

Vereinzelt werden die Bedarfe im Sozialraum bereits systematisch ermittelt, hier von einer Studentin einer Hochschule für Soziale Arbeit:

„Also ja mit, mit Themen finden, was der Sozialraum so so von L-Stadt, was der so braucht, da jetzt des ähm den Fragebogen, den natürlich auch meine Studentin Frau V. macht (lacht) äh so was alles ..." (Frau B 82-84.)

Letztendlich ist sozialräumliches Handeln auch eine neue Form intensivster Beziehungsarbeit zu den unterschiedlichsten Akteuren vor Ort:

„ ... also letztendlich ähm funktioniert vieles meiner Arbeit nur, indem letztendlich Beziehung gepflegt wird, indem ähm Vertrauen erarbeitet wird, indem ich ähm mit Menschen letztendlich ganz eng auch im Kontakt bin, diesen Kontakt auch pflegen kann und ganz oft ist so viel an (k) also so vielfältiges zu tun, dass die, die Zeit der Koordination nicht ausreicht ..." (Frau D 123-127).

„...ich habe ja vorhin schon gesagt des ist also ganz, ganz ähm wichtig, oder was ich auch gemerkt habe, da muss man erstmal selber auch so drauf kommen (..) äh in diesen zwei Jahren is (k) ist die persönliche Bekanntheit. Ähm mit den Jugendpflegern, mit dem Roten Kreuz, mit den Lehrern, mit den Schulen, da bin ich dann hin, hab angerufen, ‚Können wir uns mal treffen?' und äh wir ha-

ben nen Austausch gemacht und überlegt, was könnten wir als Familienzentrum oder gemeinsam auch ähm für diese Gemeinde noch bewirken..." (Frau A 137-141).

Für sozialraumorientiertes Handeln haben einige Leitungskräfte spezifische Strategien entwickelt bzw. bauen auf bereits bestehende Strukturen auf wie Frau E. in einem ländlichen Verbundfamilienzentrum:

"Ja, ähm ich glaube das Familienzentrum hat sich rumgesprochen. Wir hatten am Anfang eine Hebamme mit Geburtsvorbereitung, Rückbildung, Babytreff einmal im Monat, PEKIP anschließend, also wir hatten sie wirklich von Anfang an dabei. Da war das Familienzentrum (,) also für die Familien hier erster Ansprechpartner und wir haben also eigentlich auch von klein auf auch schon Möglichkeiten gehabt, Beratung damit zu bieten ..." (Frau E 112-116).

Frau D. und ihr Team gehen gezielt in den Stadtteil und bieten in sozialräumlichen settings Angebote für Familien an:

"Ähm unser Zentrum ist inzwischen ähm wirklich so gut in den Stadtteil etabliert (,) auch dadurch, dass wir wirklich auch in den Stadtteil gehen und Angebote an ganz anderen Orten im Stadtteil als in unserem Haus machen, ähm gibt es ähm nen guten Kontakt mit ganz, ganz viel unterschiedlichen Menschen, also ähm sowohl was ähm Kultur, Nationalität, Religion angeht, aber auch mit Eltern, oder Familientypen. Ähm ich haben ne, ne bunte Mischung" (Frau D 188-189).

Wünsche und Interessen der potentiellen Nutzer von Familienzentren lassen sich auf unterschiedliche Art und Weise bestimmen, angefangen über persönliche Kontakte bis hin zu systematischen Bedarfsermittlungen:

"Äh ich, ich muss also mich selber aufmachen in die verschiedenen Häuser, um eben denen auch zu begegnen. Es ist nicht so, dass die zu (k) hier klingeln und sie stehen vor der Tür oder ich sehe sie stets. Äh das Interesse ist äh groß v (k) vom gesamten Stadtteil und äh so scheint mir das äh ne große Dankbarkeit immer zu sein,

wenn diese Angebote bekannt werden, also das Interesse ist äh doch äh sehr vielfältig ..." (Frau C 65-69).

„... ansonsten sind wir auch immer dankbar über Anregungen durch Bewohner des Stadtteils, oder Familien aus dem Haus, die dann einfach sagen, könnt ihr nicht mal wieder ..." (Frau L 55-56).

Frau H. beschreibt sehr anschaulich, wie vielfältig die Interessenlagen der unterschiedlichen Nutzer sind und wie diese im Konsens gelöst werden können:

„... ähm den, den Anforderungen, die von den Nutzern des Familienzentrums äh an mich gestellt werden gerecht zu werden. Ähm, das fängt mit unterschiedlichen Sachen an, wie es sind unter (k) so unglaublich viele Zielgruppen hier, ähm dass es einfach unglaublich unterschiedliche Wünsche sind, die an mich rangetragen werden: Ob das nun ist unten im Gastronomiebereich nen Kicker und ne Dartscheibe hinzustellen, damit Flüchtlinge sich beschäftigen können; oder aber für ältere Menschen das Ganze ein bisschen wohnlicher zu gestalten, also es ist einfach nen unglaublich breites Spektrum und diese ganzen ähm Anforderungen und Bedürfnisse unter einen Hut zu bringen, ohne dass sie sich wieder gegenseitig stören, weil Zielgruppen nun mal unterschiedliche Bedürfnisse haben, das ist eigentlich äh immer noch die größte Herausforderung und ich glaube das wird sie auch bleiben, weil das ähm sind einfach, das sind so unterschiedliche Themen, das sind unterschiedliche Vereine, das sind unterschiedliche Menschen und es sind unterschiedliche Zielgruppen und das ist eigentlich auch klar, dass man nicht alles abdecken kann und da einfach zu gucken, was ist so die, die, die Hauptlinie und die Leitlinie, das ist schon schwierig, wobei wir, wir haben so nen runden Tisch ähm ins Leben gerufen, der einmal monatlich stattfindet und der ist da eigentlich ein ganz gutes Mittel für (,) umso diesen Austausch auch zu schaffen und auch ein Stück weit Sachen von mir weg in die Gruppe wieder zurückzugeben, dass ist da eigentlich ganz wirksam, aber es ist trotzdem, äh das ist trotzdem die Herausforderung, die größte" (Frau H 56-74).

Die sozialräumlichen Kompetenzen der Leitungskräfte sind in einem engen Zusammenhang mit deren Netzwerkkompetenzen zu sehen.

5.6 Netzwerkkompetenz

Das Management von Netzwerken und die Gestaltung von Kooperationsbeziehungen machen sozialräumliches Handeln in Familienzentren aus. Angelika Diller und Regine Scheller verweisen auf die bisweilen unpräzise Vermischung beider Termini „Die Begriffe werden allerdings mittlerweile inflationär verwendet und beschreiben sehr verschiedene Aktivitäten" (2013, S. 29), angefangen bei der Kooperation einzelner Angebote bis hin zur Etablierung dauerhafter Netzwerkstrukturen in Form von Arbeitskreisen oder Steuerungsgruppen. Frau D. bringt den Unterschied auf den Punkt:

> *„ ... ich glaube, da möchte ich am Anfang nochmal sagen, dass ich ähm, dass ich das differenziere. Also, es gibt für mich Kooperationspartner und es gibt Netzwerkpartner (-) Kooperationspartner, das ist einfach nochmal ähm, etwas Engeres, etwas Verbindlicheres, und nicht jeder Netzwerkpartner ist für mich ein Kooperationspartner. Umgekehrt (k) umgekehrt gehört aber jeder Kooperationspartner mit in mein Netzwerk. Wenn ich jetzt auf die Netzwerke abziele ähm, dann (..) find ich das auch da unterschiedlich. Ähm, es gibt teilweise Strukturen, ähm die letztendlich auch von, von Staatsseite geschaffen werden, wo ähm es nen guten Netzwerkkontakt gibt. Teilweise hab' ich die Chance gehabt selber mit in meiner Koordinationszeit an den Strukturen zu arbeiten und dafür zu sorgen, dass es so regelmäßige Netzwerktreffen zum Beispiel gibt. Es gibt das Bündnis für Familie bei uns (,) ein ganz wichtiger Netzwerkpartner, es gibt zum Thema interkulturelle Väterarbeit bei uns in C. ein Netzwerk, in dem ich von Anfang an mit gehöre, wo ich sagen kann, da sind die Kontakte gut, ähm und dann gibt es Netzwerke, die sich immer noch mit nen bisschen Skepsis gegenüber Familienzentren auch zeigen und die (k) ähm wo es eher schwierig ist in nen guten Netzwerkkontakt zu kommen"* (Frau D 239-261).

In der Gründungsphase von Familienzentren besteht eine wesentliche Aufgabe der Leitungen darin, Kontakte zu potentiellen Kooperationspartnern aufzubauen bzw. bestehende Vernetzungen zu vertiefen. Im Gütesiegel Nordrhein-Westfalen werden hierfür konkrete Kooperationspartner benannt, u.a. Familienbildungsstätten, Erziehungsberatungsstellen, Kindertagespflege, Grundschulen Jugendämter, Sportvereine etc., während in Niedersachsen die Kooperationen in der Regel frei gewählt werden. In den durchgeführten Interviews wurde die Anzahl der Kooperationspartner nicht ausdrücklich erfragt, jedoch veranschaulicht nachfolgende Übersicht deren Vielfalt:

In den Interviews genannte Netzwerkpartner	N =
Andere Familienzentren	7
Berufsinformationszentrum	1
Bildungsstätten	8
Deutscher Kinderschutzbund	2
Dolmetscher	2
Ehe- Familien- und Lebensberatung	3
Ergotherapie	1
Erziehungsberatungsstelle	8
Familienhebammen	2
Familienhilfe	1
Flüchtlingsinitiativen	7
Fortbildungsträger	5
Freiwillige Feuerwehr	1
Frühe Hilfen	3
Frühförderung	1
Hochschulen bzw. Fachbereiche Soziale Arbeit und Kindheitspädagogik	3
Jugendamt einschließlich Jugendpflege	7
Kinder- und Jugendlichen Psychotherapeut	1
Kinderärzte	3
Kirchengemeinden	4

Kommunalverwaltung allgemein	3
Krankengymnastik	1
Krankenkasse	2
Logotherapie	1
Musikpädagogin	1
Musikschule	1
Pfarrzentrum	1
Pflegekinderdienste	3
Polizei	1
Repaircafe	1
Schulen, Grundschulen	6
Schulsozialarbeit	1
Seniorenzentrum	1
Spiel- und Krabbelgruppen	3
Sportvereine	6
Stadtmarketing	2
Stadtteilmanagement	2
Wohlfahrtsverbände allgemein	7

Ohne Anspruch auf Vollständigkeit lässt dieser kleine Überblick erahnen, wie komplex und arbeitsintensiv die Gestaltung der Netzwerkarbeit für Leitungskräfte sein kann:

„… da hatte ich zwar ne Vorstellung, was alles so sein könnte, aber ähm die Vielfältigkeit, die dann auf mich zu kam, der war ich mir glaub ich in dem Moment überhaupt nicht bewusst, aber das lag auch unter Anderem daran, dass ich natürlich auch die Region nicht kannte und die Landschaft nicht (k) also die soziale Landschaft nicht kannte und dadurch nicht äh einschätzen konnte wie viel Engagement ist da, wie viel Unterschiedlichkeit ist da und das ist schon beeindruckend, wie viel das tatsächlich ist (,) aber macht Spaß" (Frau H 23-29).

Fast durchgängig wird von gelingenden Kooperationen berichtet, die teilweise schon vor der Entwicklung zum Familienzentrum bestanden:

„Also viel macht ja hier die C. von der FBS (Familienbildungsstätte, T.H.), die koordiniert ja ganz viel (-) jetzt hab' ich schon vorher jahrelang hier gearbeitet, von daher ähm hab' ich auch viele Verbindungen zum Kinderschutzbund, oder zur Stadt, oder sonst wohin, also von daher sind die Strukturen gut mit dem JX (Jugendhilfeträger T.H.) auch, dafür ist (k) das ist dann natürlich bei der Größe von P. ganz praktisch. Es ist hier ja nichts anonym in P. (lacht), hier kriegt ja jeder alles mit, von daher kann man eigentlich (k) hat man eigentlich immer relativ schnell Kontakt und man macht ja dann auch viel zusammen, also da kann find (k) da ich kann man sich nicht beschweren. hier mit dem EX (Sportverein T.H.) machen wir auch viel mehr, als vorher ..." (Frau I 141-148).

„also das für mich Positivste, was sich entwickelt hat, ist ja die echt enge Zusammenarbeit mit der Erziehungsberatungsstelle, mit der EB, die hier regemäßig ihre Sprechstunden haben. Äh, das ist immer wieder auch so ne eine Herausforderung Eltern zu motivieren dieses Angebot wahrzunehmen ..." (Frau L 38-40).

„Ein tolles Beispiel EFL, die wollten gerne ne Beratung hier anbieten, die also so, es haben ja auch etliche Kooperationspartner so den Auftrag wir müssen (lacht) ja wir müssen (,) das geht nicht hier in so nem Dorf, wie V., Ehe-, Familien- und Lebensberatung, wenn dann alle mal über die Erziehungsberatungsstelle arbeiten, hätten nur eine Sprechstunde hier, ja wie können wir dann trotz allem ne vernünftige Zusammenarbeit or (k) organisieren und dann machte die Dame den Vorschlag, ich kann auch Fallberatungen machen, oder das wir mal so mit dem Team was erarbeiten. Ja und das haben wir dann genutzt, jetzt machen wir zwei Mal im Jahr Fallberatung ..." (Frau E 153-164).

Frau D. sieht die Kooperationspartner etwas differenzierter, unterscheidet an anderer Stelle im Interview auch zwischen Netzwerkpartnern und Kooperationspartnern. Ihre mittlerweile langjährige Erfahrung als Koordinatorin mag zu dieser Sichtweise beigetragen haben:

„Bei den Kooperationspartnern lässt sich das eigentlich fast auch so differenzieren. Ähm, es gibt welche, wo es ne ganz enge Koope-

ration gibt, die, die auch sehr mit den Jahren gewachsen und sehr automatisiert ist, wo es eher um so ne Pflege geht und wo es tatsächlich inzwischen so ist, dass man ähm ja in der Lage ist so auch neue Dinge zu entwickeln, also, wo es gar nicht so um Grundsätze geht, wie ‚Passen wir zusammen? Passt unsere Haltung zusammen? Wie passt unsere inhaltliche Arbeit?', sondern wo es tatsächlich schon in so ne Weiterentwicklung ist. An, an der Stelle ist für mich die, die, die Kooperation mit der Musikschule so nen Beispiel, wo wir neue Dinge entwickeln, die es ähm bisher so noch gar nicht gab. Ähm (..) auf der anderen Seite ist es auch da schwierig und auch da spielen wieder, das ist wie so eine Endlosschleife, die Rahmenbedingungen eine große Rolle. Ähm, wenn ich in die Kooperationsarbeit im Stadtteil gucke, dann bin ich froh, dass ich auf eine so langjährig gewachsene Kooperation zurückgreifen kann, weil wir inzwischen alle Institutionen einen so engen Rahmen haben, dass wir wirklich bewusst diese Zeiten für Kooperationen gestalten müssen und uns das auch gelingt. Ich kriege das bei ähm anderen Stellen mit, wo diese Stadtteilkooperationen sich erst entwickeln, die ganz oft scheitern an wirklich Rahmenbedingungen, weil die Zeit fehlt, die Verbindlichkeit fehlt, weil alle letztendlich in ihrer eigenen (k) ihrem eigenen kleinen Kosmos sind und wirklich viel zu tun haben und deswegen auch noch gar nicht erleben konnten wie hilfreich und unterstützend dieses (k) diese Kooperationen und dieses Netzwerk sein kann, ja. ... Mit einigen Kooperationspartnern läuft es auch gar nicht gut, wo es dann ähm auch teilweise um finanzielle Geschichten geht, um Konkurrenz geht, das sind auch ähm Teile von Kooperationsarbeit" (Frau D 257-267).

Kooperationsbeziehungen haben sich nach und nach entwickelt, wie Frau L. rückblickend feststellen kann:

„Wir haben hier in D., das geht zurück auf 2005, da fing das an, da war Familienzentrum eigentlich noch gar nicht so in, in Rede, ähm da hat der Landschaftsverband eben ein Projekt auf den Weg gebracht, ... da wurde ne Spielgruppe ins Leben gerufen, teilweise auch mitfinanziert und ähm da gab es ein Gesprächskreis, da wurden einige Leute angeschrieben die Kinderarztpraxis, Jugendamt,

die Stadt sowieso und noch ein paar Therapeuten hier aus D. und dann wurde eben vorgestellt, das soll jetzt gemacht werden diese Spielgruppe, und das eben vor allen Dingen auch die Ärzte, oder alle Beteiligten wussten, das ist dann und dann, das Augenmerk geht so in diese Richtung. Darauf entwickelte sich so dieser Überbegriff Frühe Hilfen und Schutz, was es zumindest so im Kreis Z. glaub ich überwiegend gibt und aus, aus dieser Gruppe von damals gibt es immer noch so nen kleinen Arbeitskreis, gut U-Drei-Arbeitskreis heißt der, der ist dann nicht so groß, wie dieses Treffen frühe Hilfen und Schutz, sondern nen bisschen kleiner, noch nen bisschen intimer, das resultiert immer noch aus dieser Zeit und das findet zweimal im Jahr statt und es ist erstaunlich, es sind immer alle da, immer alle da und damit meine ich einmal wir als Familienzentrum, dann sind es die Kinderarztpraxen (k) Praxen, zwei haben wir in T. sind immer da, beide meistens, dann auch noch so ne ergotherapeutische Praxis, ist es ein Kinderpsychologe sind da, auch oft noch der Mitarbeiter vom ASD, ja und äh gibt es hier in T. so nen Sozialbüro, äh oder auch von der Kirche, die sich da auch um schwierige, oder auch um, um benachteiligte Familien kümmert und das (k) die sind da, die kümmern sich und man kennt sich inzwischen recht gut ..." (Frau L 111-131).

Netzwerkarbeit ist im Wesentlichen Kontakt- und Beziehungspflege. Sie erfordert nicht nur in der Aufbauphase ausgeprägte kommunikative Kompetenzen:

„Ähm ja, es fängt ja meistens an mit Telefonaten oder mit, mit e-mailkontakt und dann treffen wir uns aber auch regelmäßig, wie zum Beispiel mit dem Stadtmarketing St. das wir da regelmäßig, also wir waren, haben uns da vorgestellt, dass sie wissen, wer sind. Wir jetzt hatten wir ein Gespräch mit denen nochmal, was, was ist bis jetzt passiert (-), was können wir weiterhin zusammen machen ..." (Frau B 133-135).

„... das andere ist eben (k) sind die ganzen Ehrenamtlichen, Vereine, Institutionen und auch da ähm ist die Zusammenarbeit gut, bei v (k) bei einigen festen Kooperationspartnern stehen wir noch sehr am Anfang, also im Moment ist es schon so, dass ist aber auch

der Zeit gedient, wir stehen am Anfang des Familienzentrums, das jeder erstmal so sein eigenes Angebot machen will und wir noch gucken müssen, was kann man daraus auch für Vernetzungs- und Kooperationsangebote machen..." (Frau H 128-133).

Ein zentraler Reflexionsort für alle Kooperationspartner und Familienzentrumsleitungen sind die regionalen Netzwerktreffen, in denen neben programmatischen, organisatorischen auch weitergehende sozialräumliche Perspektiven entwickelt werden können. Ihr Aufbau zählt zu den zentralen Aufgaben der Leitungskräfte:

"Wir haben mittlerweile ein Netzwerk gegründet, das sind alles Leitungen, die sich auf den Weg machen hier in V. zum Familienzentrum zu werden, oder sind ja eben Stadtteilnetzwerke auch und das ist schon mal ganz gut, dass wir da merken, ja, jetzt haben wir mal so ne Basis, wo wir uns austauschen können, ansonsten fehlt mir das ganz, ganz, ja, also groß (,) ganz groß, ganz doll (-) es fehlt mir einfach. Mir fehlt, das mir jemand auch mal sagen kann als, als Feedback und Reflexion, was kann ich ändern, was kann ich anders machen ..." (Frau M 72-78).

Frau L. verfügt schon über einen längeren Erfahrungsschatz in der Zusammenarbeit mit Kooperationspartnern, die sich als sehr tragfähig darstellt:

"Ähm (..) also dieses Thema Kooperationen, ich glaube da haben wir von Anfang an relativ hoch gepunktet (..) ähm zum Teil bestanden die Kooperationen schon, aber zum Teil sind die natürlich auch durchs Familienzentrum entstanden und ich denke wir hatten damals, das war jetzt 2007, den Vorteil, dass wir das erste Familienzentrum in B. waren. Wir hatten also noch die volle Bandbreite an Auswahlmöglichkeiten, wen wir mit ins Boot holen möchten. Ich denk für die (k) alle anderen, die später gekommen sind, wurde es immer schwieriger auch noch Kooperationspartner zu finden, die einfach auch ähm noch äh ja son zeitliches (k) noch zeitliche Möglichkeiten hatten da einzusteigen, ne und ähm also ich finde schon, dass so unsere Kooperationen, ja die laufen, die laufen zum Teil schon so viele Jahre und das hat sich einfach total gefestigt und ich

mein klar beim einen mehr beim einen weniger, aber ich denke so dieser harte Kern an Kooperationspartnern, die sind eigentlich präsent hier im Haus, ne und das find ich total klasse ..." (Frau L 88-99).

Für gelingende Netzwerkarbeit sind verbindliche Kooperationsorte außerordentlich hilfreich:

„wir machen einmal im Jahr auch ein Netzwerktreffen, wir haben ja diesen Arbeitskreis auch Netzwerk für Familienzentrum von uns aus gestartet ..." (Frau M 281-282).

„... wir haben so nen runden Tisch ähm ins Leben gerufen, der einmal monatlich stattfindet und der ist da eigentlich ein ganz gutes Mittel für (,) umso diesen Austausch auch zu schaffen und auch ein Stück weit Sachen von mir weg in die Gruppe wieder zurückzugeben, dass ist da eigentlich ganz wirksam, aber es ist trotzdem, äh das ist trotzdem die Herausforderung, die größte" (Frau H 70-74).

„Ich finde auch sehr angenehm, also wir haben immer wieder Treffen mit unseren Kooperationspartnern, wo zum Teil wir dann mit den Kooperationspartnern sprechen, zum Teil auch unsere Mitarbeiter, ähm die dann die Planung für das nächste Halbjahr machen, oder fürs nächste Jahr, oder wie auch immer. Ähm finde ich sehr angenehm. Wir gehen sehr respektvoll miteinander um und verständnisvoll und das finde ich auch gut" (Frau F 152-156).

Regelmäßige Treffen aller Kooperationspartner (bisweilen über fünfzig Organisationen) fördern den Austausch und die Kommunikation untereinander, tragen zur Identifikation mit dem Familienzentrum bei. In kleineren Steuerungsgruppen treffen sich die wichtigsten Kooperationspartner verbindlich mit Leitungskräften und Trägervertretern, um anstehende Aufgaben und Probleme gemeinsam anzugehen. Im Nordrhein-Westfalen-Modell ist diese Form der Zusammenarbeit im Gütesiegel festgeschrieben:

„... wir haben in einer großen Steuerungsgruppe, mit ganz unterschiedlichen Kompetenzen, immer wieder auch zusammengesessen und haben letztendlich auch meine Aufgaben immer wieder neu

beleuchtet (,) ähm es kamen neue Aufgaben dazu, dann alte, alte sind auch ein bisschen weggefallen, wo wir gesagt haben, das ist nicht mehr rein Koordination, das können andere an der Stelle übernehmen und irgendwann waren wir an einem Punkt, das meine pädagogische Leitung und ich auch so etwas wie eine Aufgabenbeschreibung formuliert haben ..." (Frau D 42-48).

Netzwerkarbeit in Familienzentren stößt aber an inhaltliche und organisatorische Grenzen. In einigen bereits länger bestehenden Familienzentren lassen sich erste Anzeichen von Konkurrenz unter den Kooperationspartnern festmachen:

„Die größten Herausforderungen sind einfach mittlerweile mehr im Konkurrenzbereich zu stehen zwischen Stiftungen (k) ne nicht Stiftungen, sondern äh Netzwerkpartnern, das merke ich gerade zunehmend mehr auf Grund der Flüchtlingslage, das ganz viele sich jetzt bei uns andocken. Äh heute waren zum Beispiel (k) heute und gestern zwei Telefonate von Sozialarbeitern, die jetzt über unsere Kurse was wissen, die auch jetzt Eltern hierher schicken, was ich toll finde, aber ich erlebe gerade im Sponsoring, oder eben Unterstützung, das man da so ein Spießroutenlaufen macht (,) ähm, EFB nicht mit dem DRK, oder Caritas nicht und man muss ganz vorsichtig sein ähm, dass man keinen auf den Fuß, oder Schlips tritt, weil man einfach merkt, ähm also ich möchte alle haben, weil alle können mir ja Gelder geben und alle machen das ja auch gerne ... ... aber da sag ich immer ganz klar entweder macht jeder mit mir, aber ich lass mich nicht in diesen Konkurrenzbereich mit einschleusen..." (Frau M 92-103).

„Mit einigen Kooperationspartnern läuft es auch gar nicht gut, wo es dann ähm auch teilweise um finanzielle Geschichten geht, um Konkurrenz geht, das sind auch ähm Teile von Kooperationsarbeit" (Frau D 274-276).

So sind Erziehungsberatungsstellen beispielsweise nicht mehr generell bereit, ihre offenen Sprechstunden in den Familienzentren kostenfrei anzubieten und stellen sie dem Träger in Rechnung, eine Vorgehensweise, die langfristig zu erheblichen Spannungen führen dürfte:

„Das ist auch nen Druck und ähm es wird sich ja auch noch erschweren, weil ich weiß, das auf jeden Fall, äh wir bezahlen ja die Erziehungsberatungsstelle schon pro Anwesenheit mit nicht wenig Geld, die EFL, ... da weiß ich auch, dass äh die auch überlegen, ob die überhaupt noch kooperieren können mit uns, weil sich das finanziell nicht mehr lohnt mit dem ganzen Aufwand, dem Verwaltungsaufwand, das heißt äh auf Dauer äh kann das so aussehen, dass wir immer mehr so einkaufen müssen, dass es dann mit dem Geld definitiv auch knapp wird, weil wenn ich dann überleg, dass wir die EB dann für zweimal kommen mit tausend Euro bezahlen..." (Frau I 205-213).

Eine besondere Herausforderung für Leitungskräfte ist die Arbeit im politischen Raum. Familienzentren sind für Träger, Verwaltung und Kommunalpolitik oftmals Neuland, sodass eine umfangreiche Überzeugungsarbeit auf unterschiedlichen Ebenen geleistet wird, Bedenken und Widerstände gegen Familienzentren zerstreut werden, zumal Kindertageseinrichtung und Familienzentrum nicht immer eindeutig voneinander unterschieden werden können. Leitungskräfte müssen sich daher sicher im Geflecht der Kommunalpolitik bewegen können, eine Herausforderung, die für viele neu ist:

„Die Stadt B. ist ja Träger und die Verwaltung arbeitet natürlich eigentlich anders und arbeitet auch nicht unbedingt im sozialen Bereich und nicht unbedingt vernetzend, sondern eben verwaltend und ausführend und das ist natürlich in der (k) also daher war's glaub ich für die schwierig mich drauf vorzubereiten und mich einzuarbeiten, weil sie selber nicht wirklich einschätzen konnten was eigentlich passiert" (Frau H 38-43).

In einigen wenigen Orten ging die Initiative für Familienzentren von Trägern oder kommunalen Vertretern aus; hier gestaltet sich der Aufbau von Netzwerken erheblich leichter, da auf gewachsene Strukturen viel leichter zurückgegriffen werden kann und entsprechend Unterstützungsleistungen leichter zu bekommen sind:

„Das ist wahrscheinlich ne Besonderheit, die viele andere Familienzentren nicht haben. Hier ist es tatsächlich so (,) dieses Famili-

enzentrum ist von allen Seiten gewünscht und gewollt wurden. Ähm hier ist richtig ähm Geld und Energie reingesteckt wurden und auch ich habe mit meiner vollen Stelle, die ich wirklich für die Aufgaben Familienzentrum habe, ähm das ist toll und da kann ich nur ähm ja, da kann ich nur sagen besser kann es im Grunde nicht sein ..." (Frau H 150-155).

„Mhm, direkt wurde ich eingearbeitet durch meine Vorgängerin. Meine Kollegin hat mich auf die Aufgabe ähm vorbereitet, ähm ansonsten gibt es seitens des Trägers keine großen Vorgaben, dass ist tatsächlich so, ja" (Frau N 29-31).

Weitere Kooperationsorte sind Familienzentrumsfeste mit allen Beteiligten; sie stellen insbesondere für die zahlreichen Ehrenamtlichen und Honorarkräfte eine symbolische Anerkennung dar. Deren Gewinnung und regelmäßige Unterstützung nimmt einen Großteil der Netzwerkarbeit von Leitungskräften ein:

„Ähm ne andere Gruppe ist für mich tatsächlich als Koordinatorin, die ähm die Mitarbeiter, die als Honorarkräfte, als Ehrenamtliche, als Praktikanten wie auch immer im Familienzentrum in den konkreten Angeboten sind. Ähm, da hab ich ne engere Verbindung, weil ich die einfach ähm intensiver begleite (..) so also von daher teil ich das. Was ich wichtig finde ähm und das ist etwas was, was von Anfang an so gehalten habe und was ich auch ähm als, als Besonderheit bei uns empfinde und auch zurückgespiegelt kriege, dass es tatsächlich so ist, ist, dass immer wieder punktuell ne große Wertschätzung für diese Kollegen geben sollte, also ich feiere einmal im Jahr so etwas wie, wie ein Mitarbeiterfest und das ist in diesem Jahr tatsächlich das erste Mal auch so groß, dass wir alle Mitarbeiter, sonst hab ich eher mit den unmittelbaren Zentrumsmitarbeitern gefeiert und jetzt laden wir tatsächlich ähm auch die ganzen pädagogischen Mitarbeiter dazu ein, weil sie, völlig zurecht, im letzten Jahr fragten: ‚Warum feierst du eigentlich nur mit den anderen, wir arbeiten doch auch im Familienzentrum mit', ja" (Frau D 225-237).

„... die äh Ehr (k) Ehrenamtlichen immer mit einzubeziehen, das ist auch ne Herausforderung für sich find ich, weil äh die Langfristigkeit nicht immer dadurch gegeben ist und ähm die Motivation von Ehrenamtlichen, ähm die ja sonst bei anderen Referenten oder so über Geld auch läuft, dann nicht möglich ist. Das ist auch ne Herausforderung sie immer äh dabei zu behalten" (Frau C 45-49).

„... da hab' ich fünfzehn Ehrenamtliche und ähm nochmal zwölf Honorarkräfte und ähm ja die kennen sich hier in der Einrichtung aus, die wissen, wie wir arbeiten und sie haben natürlich unterschiedliches Klientel, aber, ja, die würden ja nicht bleiben, wenn es ihnen nicht gut geht hier..." (Frau M 289-292).

Der Status von Ehrenamtlichen und Honorarkräften wird durchaus unterschiedlich gesehen: Während Frau M. diese mittlerweile als Kolleginnen bezeichnet, vertritt Frau C. genau die gegenteilige Position:

„Äh ich habe Ehrenamtliche, die sehr engagiert mitmachen und auch das erlebe ich als äh wunderbar. Sind alles keine Mitarbeiter in dem Sinne, äh keine Kollegen" (Frau C 76-78).

Eine Sonderrolle spielen Studierende und Lehrende von Hochschulen der Fachrichtungen Soziale Arbeit oder Kindheitspädagogik. Studierende sind als Honorarkräfte, Praktikantinnen oder Projektstudierende tätig, währen Lehrende eher beratend-coachend beim Aufbau von Familienzentren tätig sind:

„... die X (Hochschule, T.H.) mit der arbeiten wir ja auch ganz (lacht) engmaschig zusammen, aber wo ich nen Wunsch habe ist halt nochmal nen Netzwerk äh von Studenten, die ja eigentlich uns begleiten wollen im Bereich Flüchtlingsarbeit, ja Hausaufgabenbetreuung so, da würde ich mir noch ein engeres Netzwerk wünschen, aber das wird sich gestalten, ja ansonsten denke ich, auch das ist gereift ..." (Frau M 296-300).

„... der Vorteil war noch, dass die Hochschule F. mit im Konzeptionierungsprozess war und da ähm stand der Professor, der das begleitet hat auch noch für Reflexion und ähm Workshops zur Ver-

fügung, die wir dann auch noch durchgeführt haben, das war noch ganz gut, ja" (Frau H 50-53).

Ohne die Unterstützung durch Ehrenamtliche, Honorarkräfte und Studierende sind Familienzentren kaum in der Lage, ihre vielfältigen Angebote und Aufgaben dauerhaft zu erbringen. Die Organisation dieser umfassenden Aktivitäten charakterisieren Leitungskräfte als den Alltag managen, ein Aspekt, der im folgenden Kapitel näher betrachtet werden soll.

5.7 Alltagsmanagement

Die interviewten Leitungskräfte gehen quasi selbstverständlich davon aus, dass ihre Tätigkeit „Management" ist:

„ ... also ich sage mal grundsätzlich war mir klar, dass die Netzwerkarbeit und Öffentlichkeitsarbeit extrem (..) äh ja mehr auf uns zukäme, also noch mehr als wir schon getan haben, aber ganz ehrlich gesagt, äh war mir nicht bewusst, wie es heute ist es (,) ist Management pur ... " (Frau M 23-26).

„ ... also es ist nen Wahnsinns äh ja Managementbelastung. In der Wirtschaft werden Leute in der Regel unter sechzig rausgeschmissen, die in diesen Jobs arbeiten, das kann man nicht ewig" (Frau E 235-240).

Die Hauptaufgaben von Familienzentrumsleitungen bestehen darin, den überaus komplexen Alltag zu managen, Familienzentren teilweise buchstäblich *„am Leben zu halten" (Interview* L, 38-39). Fraglich ist, ob einige dieser Tätigkeiten mit eher administrativem Charakter nicht von anderen Mitarbeiterinnen geleistet werden könnten:

„Weil natürlich so ne Koordinierung von, von Räumen ist auch viel Verwaltungsarbeit, die sicherlich ähm jemand anders machen könnte, aber das ist sage ich ja, jammern auf hohem Niveau, also da (,) aber das wäre dann das, wo ich sagen würde eine Leitungskraft (k) äh eine Verwaltungskraft hier mit rein, die Verträge schreibt, die Rechnungen schreibt, die die Raumplanungssoftware organisiert, ähm das wär dann der Punkt" (Frau H 179-183).

> „... Ich hätte ne Sekretärin (lacht), also eindeutig ein paar Sekretärinnenstunden dazu, also da denke ich manchmal, was machte hier für nen Blödsinn, das könnte wirklich jemand machen, der keine ja Leitungsfunktion hat, der auch das Geld nicht verdient und ja, das könnte man anderes organisieren, das wäre so wohl das erste, was ich machen würde, ja" (Frau E 230-234).

> „Oh, ich hätte mindestens zwei bis drei Mitarbeiter für die administratorischen Tätigkeiten, damit ich schauen kann ähm inwieweit ich auch noch das Familienzentrum ausbauen kann ..." (Frau N 123-125).

> „... ich glaub schon, dass wir gut strukturiert sind, weil Frau St. meine Leitungsvertretung rein äh administrative Arbeit macht, das heißt nicht, dass sie nicht auch Elterngespräche führt, wenn ich nicht da bin, weil sie überall auch informiert ist ..." (Frau M 345-347).

Eine der immer wiederkehrenden Managementaufgaben ist die dauerhafte Sicherstellung der Finanzierung des jeweiligen Familienzentrums. Während in Nordrhein-Westfalen diese landesweit einheitlich ist, wird sie in Niedersachsen ausgesprochen heterogen gehandhabt und bedeutet ein Agieren auf sehr unterschiedlichen Ebenen:

> „... das merk ich schon, das ähm finanzierungstechnisch ich da mir mehr wünsche, auch von Träger, also es ist so, dass die Stadt ja die Finanzen macht, also ich hab' Budgets, die ich auch einhalten muss, ich habe also richtig viele Budgets und nen gutes Budget. Ich war heute zum Beispiel bei der Abrechnung, ist alles perfekt gelaufen, aber da denke ich mir, das trauen die mir nicht so zu, dass ich das hinkriege und merken eigentlich ich kriege es hin, und äh da wird ja nicht drüber gesprochen, da muss ich immer sagen, ich muss es aber genau wissen, was die O-Stiftung mir spendet, weil das ist, ist ja immer gefasst zu bestimmten Sponsoring, auch bestimmte Sachen, die man mit kaufen kann, zum Beispiel keine Personalgebühren, oder so ausgeben kann, und dass verstehen die teilweise nicht und das ist so nen, so nen, (k) ja finanziell muss ich

sagen, muss ich immer so wieder gut gucken, dass ich dem Träger sage, glaub mir, ich muss das genau machen" (Frau M 104-114).

Nicht überall in Niedersachsen haben Familienzentren eine dauerhafte Finanzierung sicher, sodass insbesondere in der Aufbauphase existenzielle Sorgen die konstruktive Gestaltung des Alltags erschweren:

"Wir müssen ja Ende des Jahres, also meine anderen Leitungskollegen, die auch ein Familienzentrum leiten, und ich, einen Bericht äh für unser Haus jeweils abgeben und dort erklären und Daten benennen und beschreiben, äh wie wir hier arbeiten äh gearbeitet haben und ähm welche Kontakte wir hatten, was für ein Zeitraum das war (,) ja und das wird dann zum Landkreis eingereicht und der entscheidet dann wieder neu. Also von daher kann ich gar nicht sagen, dass wird fünf Jahre so weiterlaufen, oder wird das mehr werden, das ist immer dann Daten, Zahlen, Geld abhängig" (Frau A 138-144).

"... da hätte ich mir ne, ne andere Unterstützung gewünscht, ähm ich hätte mir von meinem (... ...) letztendlich von einem Teil meiner Arbeitgeber eine andere Unterstützung gewünscht, das war damals ein deutliches Thema: Wir ähm warn damals noch nicht in dieser zentralen Trägerschaft, sondern in einer kirchengemeindlichen Trägerschaft und der Kirchenkreis ähm hat ziemlich deutlich damals signalisiert ähm (schnaubt): ‚Mit der Idee können wir nicht viel anfangen', und ähm, da gab es immer wieder so das Gefühl, ähm also wir, wir kämpfen gegen, gegen was, was aus unserer Überzeugung wirklich wichtig ist und was sich jetzt bewahrheitet hat, dass es ne gute Idee ist und dass es nicht ne, ne Besonderheit von unserer Einrichtung war, die da irgendwie was Besonderes machen wollte, sondern dass es wirklich nen (k) ne, ne fundierte Grundlage hat ein Familienzentrum zu werden und ich hätte mir tatsächlich eine ganz, ganz ähm praktische Sache tatsächlich gewünscht ... " (Frau D 86-105).

Je nach Organisationsstruktur ist die Finanzverantwortung der Familienzentrumsleitungen in Nordrhein-Westfalen unterschiedlich ausgeprägt.

Frau I. ist Verbundleitung für zwei Familienzentren, die sehr eng an die Kindertageseinrichtungen gekoppelt sind:

„Ich kümmere mich sozusagen so ums Korsett ne (-) überwache das Geld, dass es hinkommt. Äh, dass wir auch regelmäßig investieren, vor allem auch in Fortbildungen ist wichtig, dass wir das regelmäßig machen in der Ausstattung und ähm wir bezahlen ja auch über das Familienzentrum auch Freistellungsleitung, ne. Beide Leitungen haben ja zwei Stunden finanziert aus dem Topf des Familienzentrums, weil wir sonst finanziell mit der Kibizpauschale (Kinderbildungsgesetz, T.H.), die wir ja haben, auch nicht hinkommen..." (Frau I 26-31).

Leitungskräfte fühlen sich dabei oft alleine gelassen, sind Einzelkämpferinnen und müssen sich Unterstützung bei Trägern, Teams und Kooperationspartnern hart erarbeiten:

„Mir fehlt ganz viel im Qualitätsmanagement von Seiten des Trägers. Mir fehlt ganz viel im rechtlichen Bereich, also zum Beispiel, wenn Stadtteileltern kommen, wie sind die abgesichert (-), also ich frage nach, ja, das kann man nochmal mit Frau P. regeln, aber da (k) das ist so, da habe ich nicht so nen gutes Gefühl, also das fehlt mir (..) nochmal so ein Qualitätsmanagement (-) Organisationsmanagement ..." (Frau M 84-88).

Auf Grund von nicht vorhandenen Stellenbeschreibungen, unterschiedlichsten Erwartungen von Trägern sowie den Vorgaben des Gütesiegels wachsen die alltäglichen Herausforderungen und Aufgabenbereiche nahezu ungebremst an und führen zu Verunsicherungen:

„Die größten Herausforderungen sind: Machen wir genug? Müssten wir mehr machen? Äh, die Herausforderungen sind dann auch so manchmal die Gedanken darüber, was so Familienzentrum hier und da machen sollte (k) tun sollte, was man noch so im Kopf, oder wir noch so im Kopf haben, was ich nicht immer nachlese ..." (Frau L 30-33).

„... hier speziell die größten Herausforderungen sind eben die ähm Dinge, die an Anspruch auch der Gemeinden auf mich zukommen

und nicht nur der Kindergärten eben in ähm unter einen Hut zu bringen (,) vor allem mit der Zeit, die ich äh zur Verfügung habe. Das würde ich als größte Herausforderung sehen" (Frau C 36-39).

Erhebliche Ressourcen der Leitungskräfte nimmt in Nordrhein-Westfalen die Zertifizierung bzw. Re-Zertifizierung in Anspruch:

„… also wir sind gerade in der Re-Zertifizierungsphase … als problematisch sehe ich heute noch mehr als vor acht Jahren äh die Punkte an, die zur Re-Zertifizierung notwendig sind, die äh passen nicht zur Wirklichkeit der Familien, da fehlt was (lacht), oder das ist zum Beispiel äh Elternabende, oder irgendwelche pädagogischen Veranstaltungen für Eltern, die sind nicht mehr machbar, da hat kein Mensch Zeit für …" (Frau E 92-97).

„… wir sind gerade wieder in der Re-Zertifizierung, äh also ich wünsche mir schon, das, das so der Standard so gehalten wird, so wie er ist, dass die Sachen, die initiiert wurden sind, von uns auch beibehalten werden können, das wünsch ich mir schon, weil das ist schon ganz gut …" (Frau L 185-188).

In Einzelfällen werden Aufgaben an Mitarbeiterinnen delegiert, jedoch ändert das nichts an der prinzipiellen Notwendigkeit, entlastende Strukturen und Rahmenbedingungen für Leitungskräfte zu schaffen:

„… natürlich wäre es schön, wenn man nochmal fünf sechs Stunden mehr hätte, ähm aber ich hab' ja ganz tolle Mitarbeiter und da gebe ich einfach auch Sachen ab, ich sag immer, ich bin klar, ich bin die Koordinatorin bei mir läuft alles zusammen an Terminen, an, an Ideen und ich verteile das dann einfach, also das, das wird vom Team einfach auch getragen, wenn ich es nicht hinkriege, muss man dann teilen ja" (Frau D 152-156).

„Optimal zu gestalten, wie würde meine Stelle dann aussehen? Dann würde ähm es erstmal so gewährleistet sein, dass ähm (k) müsste es gewährleistet sein, das ich auf gar keinen Fall mehr irgendwie äh in die Gruppe müsste, auch bei Fehlzeiten von Kolleginnen nicht, oder wie zum Beispiel morgen, auf keinen Fall mal eben morgen Mittag für sechzig Kinder zu kochen, weil die beiden

Köchinnen morgen ausfallen, äh das müsste geregelt sein, das würd ich mir schon an einigen Stellen wünschen, weil dann bleibt halt was anderes auf der Strecke, weil unsere Kinder müssen dann Mittags was essen, oder äh wenn's brennt in der Gruppe springe ich da schon ein, also das wäre schon ne tolle Sache, wenn das gewährleistet ist ..." (Frau L 169-174).

Der Alltag ist ein ständiger Spagat zwischen Wünschen von Kindern, Eltern und Besuchern, Teamdynamiken sowie gesellschaftlichen Veränderungsprozessen. Während der Interviewphase erhielt das Thema „Integration von geflüchteten Familien" besondere Aktualität und überlagerte fast alle anderen Leitungsaufgaben:

„Immer wenn es (k) ich hab' das Gefühl immer wenn es ein gesellschaftliches, oder auch städtisches Thema gibt, dann fällt allen sofort äh (k) fallen allen sofort die Familienzentren als erstes ein, ähm ja ohne die Rahmenbedingungen entsprechend zu verändern. Ich mache ein Beispiel ähm: Das Flüchtlingsthema ist ein ganz aktuelles Thema und natürlich denke ich ganz genau wie alle anderen, dass Familienzentren sehr ähm prädestiniert sind auch mit Flüchtlingsfamilien vor Ort zu arbeiten. Ähm ich begleite selber bei uns im Stadtteil eine Flüchtlingsfamilie und da zeigt sich, dass das Familienzentrum ein guter Ort für die ist. Ähm, was ich herausfordernd finde ist ähm dann wirklich zu gucken, können Familienzentren mit den Rahmenbedingungen, die sie haben sowohl finanziell, sowohl von der Stundenausstattung, die sie haben, auch von der räumlichen Ausstattung, das leisten? (... ...) Ich glaub, das sind die größten Herausforderungen" (Frau D 129-145).

„Ja das Thema Flüchtlinge... das äh ist hier wirklich die zentrale und ähm es ist auch ein, ein Leiden im Moment dahingehend, dass ich seit fünf Jahren, das hätt ich eben auch schon nennen können, immer um Anträ (k) also um, um Flyer bitte und um Anträge, das (k) die in verschiedenen Sprachen sind, das kommt nicht, jetzt bei der letzten Leitungssitzung bin ich auch mal energisch geworden und habe auch ganz klar gesagt ich bettle fünf Jahre darum und ich erwarte das jetzt, wenn äh die Politik es möchte, dass wir hier Integration machen, muss so etwas auch gelingen und ähm da

merk ich einfach die Flüchtlinge beschäftigen uns ganz äh massiv, aber auch im Positiven. Wir haben sechzehn Flüchtlinge aufgenommen und die waren gestern (k) zehn der Eltern waren auch hier, weil jetzt merken wir, die haben ganz viel Vertrauen und die wollen auch bei uns bleiben und das hat was mit der wirtschaftsnahen Haltung, mit Familienzentrum zu tun, dass sie merken nicht nur die Kinder werden hier begleitet und betreut, sondern auch die ganzen Familien und die können jederzeit kommen. Wir haben eine Mutter, die perfekt kurdisch und arabisch spricht, sodass das äh sehr gut ist, aber es ist schon so mit den traumatisierten Kindern und Eltern für uns schon so nen, so nen Leiden im Moment, wo wir auch (k) wo ich auch selbst für mich gucken muss, wie kann ich meine Mitarbeiter stärken ..." (Frau M 121-139).

"Also ich könnt mir vorstellen dadurch, dass viele Migranten kommen, dass die Arbeit nochmal ganz anders wird, auch der ganze Aufgabenbereich noch einmal ganz anders, so auch im Bereich der kulturellen Arbeit sich nochmal verändert. Was (k) woran ich dann auch denke ist ähm zum Beispiel so unsere Feste, die wir haben so (,) zum Beispiel morgen Abend feiern wir unser Herbstfest. Wir haben einige Anmeldungen, aber es sind deutsche Eltern, es sind wenig ausländische Eltern, es sind ausländische Eltern, die schon über Jahre da sind und kennen das mittlerweile, die sind schon integriert, aber die neuen ausländischen Eltern wissen wahrscheinlich gar nicht (,) was geht da vor, wie komm ich da rein, das ist unsere Aufgabe, die jetzt an die Hand zu nehmen und dort hinzuführen ... (Frau F 221-229).

„... und natürlich ganz klar im Moment auch die aktuelle gesellschaftliche Situation, ähm Thema Flüchtlinge, die einfach auch, (k) die Familien bringen auch einfach nochmal andere Themen mit ins Haus und wo wir halt auch gucken müssen, dass wir da auch nen gemeinsames Stück mit den Eltern diesen, diesen Weg auch gehen, ja ..." (Frau K 46-50).

Inwieweit durch die Arbeit mit geflüchteten Menschen das Alltagsmanagement noch komplexer wird, ist für Frau K. derzeit noch unklar:

„... ich sehe ja schon die Tendenzen gesellschaftlich im Moment. Ähm ich weiß nicht so recht, was da auf uns zukommt. Äh momentan merke ich schon, dass auch vermehrt (k), äh dass wir vermehrt äh Flüchtlingskinder, oder Asylbewerberkinder aufnehmen, also ich denke da ist das Ende der Fahnenstande ja auch noch nicht erreicht und ähm ich denke schon, dass, das die Arbeit sehr, sehr beeinflusst, weil das einfach ne ganz andere Zusammenarbeit ist mit diesen Familien und äh in diesem Stadtteil, also ich vermute fast mal, dass es da auch schon einen großen Zuzug noch geben wird. Von daher denk ich ähm muss man halt auch gucken, wie die Arbeit oder auch gerade die Arbeit des Familienzentrums dann eben auch ähm ausgerichtet wird, dadurch ändern sich ja auch Bedarfe des Familienzent (k), oder der Teilnehmer des Familienzentrums" (Frau K 170-180).

Frau M. merkt bereits deutlich die zunehmende Arbeitsbelastung durch die Integrationsarbeit mit geflüchteten Familien:

„Wir haben einen Prozentanteil von 48,3 Prozent (,) zwanzig Nationen, wie gesagt viele Flüchtlinge mittlerweile und merke aber auch, dass das selbst (k) das ins Rollen kommt, weil wir auch Rucksacklotse hier anbieten, heute war die letzte Veranstaltung von einem ja umsetzenden Rucksacklotsen und da saßen heute vierzehn Mütter aus acht Nationen und ähm davon lassen sich wieder zehn ausbilden und ich merke, dass diese Themen immer weiter kommen und das läuft, aber es ist anstrengend geworden, weil ich eigentlich überall, auch wenn ich delegiere, immer noch Ansprechpartner bin, weil wenn man selbst etwas ins Rollen bringt, ist man eben der erste der angesprochen wird ..." (Frau M 150-158).

Ein detaillierter Blick in das Interviewmaterial veranschaulicht die Aufgaben- und Angebotsvielfalt mit denen Familienzentrumsleitungen und Koordinatorinnen sich alltäglich beschäftigen müssen. Hierbei soll nach Bundesländern unterschieden werden:

Leitungsaufgaben Niedersachsen	N =
Anleitung von PraktikantInnen und Studierenden	1
Arbeit an der eignen Persönlichkeit	2
Arbeitskreise und Sitzungen	6
Arbeitsplatzbeschreibung erstellen	3
Aufbau Familienzentrum	6
Bedarfsermittlung für Familienzentren	4
Bedarfsermittlung, individuelle Wünsche	4
Beobachtung nach den Early Excellence Ansatz	2
Beziehungsarbeit	4
Delegation von Tätigkeiten	1
Finanzierungsfragen	5
Fortbildung Early Excellence	5
Fortbildung, eigene	5
Gesprächsführung	5
Gestaltung und Ausstattung von Räumlichkeiten	3
Hospitationen in anderen Familienzentren	4
Kontaktgestaltung zu Politik, Verwaltung und Träger	6
Konzeptentwicklung	5
Koordinierung Kindertagespflege	1
Leitung Familienzentrum und Kindertageseinrichtung	6
Netzwerkaufbau, Netzwerkarbeit	7
Neubauplanung Familienzentrum	1
Öffentlichkeitsarbeit	5
Personalmanagement, Verträge mit Honorarkräften	3
Praxisforschung	1
Programmplanung	5
Qualitätsmanagement	1
Raumbeschaffung- und Koordination von Räumlichkeiten	5
Reflexion, Coaching	4
Sozialräumliche Präsenz	2
Steuerungsgruppe	5

Teamarbeit	6
Überzeugungsarbeit für Familienzentrum	3
Wissensmanagement	2
Zeitmanagement	6
Zertifizierung nach den Early Excellence Ansatz	1

Aus den Interviews in Nordrhein-Westfalen-Familienzentren werden sowohl die Aufgaben nach den Gütesiegelkriterien wie als auch andere Tätigkeitsbereiche aufgelistet:

Leitungsaufgaben Nordrhein-Westfalen	N =
Anbauplanung Familienzentrum	1
Arbeitskreise und Sitzungen	1
Aufbau Familienzentrum	4
Bedarfsermittlung für Familienzentren	4
Bedarfsermittlung, individuelle Wünsche	5
Beziehungsarbeit	2
Coaching	4
Delegation von Aufgaben	5
Finanzierungsfragen	5
Fortbildung, eigene	4
Gesprächsführung	1
Hospitationen in anderen Familienzentren	1
Informationsveranstaltung zu Familienzentren für Familien	1
Kontaktgestaltung zu Politik, Verwaltung und Träger	4
Leitung Familienzentrum und Kindertageseinrichtung	5
Netzwerkaufbau, Netzwerkarbeit	3
Personalmanagement; Verträge mit Honorarkräften	5
Persönliche Belastungsverarbeitung	1
Programmplanung	3
Qualitätssicherung	1
Raumbeschaffung und Koordination von Räumlichkeiten	6

Reflexion	1
Teamarbeit; Motivationsarbeit im Team	7
Überzeugungsarbeit für Familienzentren	3
Wissensaneignung, autodidaktisch	2
Zeitmanagement	5
Zertifizierung	5

Die Unterschiede in den Aufgaben zwischen den beiden Bundesländern sind auf den ersten Blick nicht besonders stark ausgeprägt, dennoch gilt es, auf drei wesentliche fundamentale Aspekte einzugehen. In Nordrhein-Westfalen sind die zeitlichen und finanziellen Ressourcen defizitär, sodass für das Überleben von Familienzentren erhebliche Kraftanstrengungen notwendig werden, verbunden mit einer Vielzahl an Leitungsüberstunden. Verstärkt wird diese Tendenz zur Überforderung durch die permanente Fixierung auf die Anforderungen des Gütesiegels und die regelmäßigen (Re)- Zertifizierungen. Sie lähmen teilweise Kreativität und professionelles Handeln bei neuen Herausforderungen, sorgen für permanente Drucksituationen auf Leitungsebene. Da die Vorgaben für die Zertifizierung landesweit standardisiert sind, quasi aufoktroyiert wurden, ist die Motivation in den Teams sehr unterschiedlich. Leitungskräfte müssen viel Energie aufwenden, um kollegiale Ablehnung und Widerstände gegenüber der Familienzentrumsidee zu bearbeiten.

In Niedersachsen verhindert die kommunale Organisation von Familienzentren die Tendenz zur Fremdbestimmung deutlich, minimiert insofern auch Bedenken und Widerstände. Die finanzielle und personelle Ausstattung ist tendenziell besser, wenn auch nicht immer optimal. Ein wesentlicher Unterschied besteht in der unterschiedlichen Zielsetzung in den beiden Bundesländern. Das Nordrhein-Westfalen-Modell ist politisch initiiert worden, hat den Anspruch flächendeckend zu sein und ist durch das Gütesiegel standardisiert. Nicht zuletzt durch die externe wissenschaftliche Begleitung von Pädquis werden Qualitätsstandards vorgegeben, die in Teilbereichen der Lebenswelt und den sozialräumlichen Bedingungen von Familienzentren in keiner Weise Rechnung tragen. Die Abarbeitung der geforderten Punkte des Gütesiegels verhindert sogar eine weitere professionelle pädagogische Entwicklung, da mit der Zertifizierung Leitungskräfte wie auch Teams ihre Aufgabe als erfüllt betrachten, keinen weiteren fachlichen Entwicklungsbedarf sehen. In der Vorbereitung auf die Zertifizierung werden zudem erhebliche personelle Kapazitäten benötigt, die an anderer Stelle fehlen. In Niedersachsen findet eine viel stärkere inhaltliche Auseinandersetzung mit der Idee „Familienzentrum" statt. Die Tendenz geht dahin, sich am Early Excellence Ansatz zu orientieren und in die eigene Arbeit zu integrieren. Dieser Anspruch geht schon in Richtung Professionalisierung, da ihm ein bestimmtes Wissen und eigene ethische Codes zu Grunde liegen, Wissen, Können und Haltung miteinander relationiert werden. Gemeinsamkeiten in beiden Organisationsmodellen lassen sich in der Raumproblematik, der Aufgabenvermischung von Kindertageseinrichtung und Familienzentrum, der Netzwerkarbeit, der Arbeit im politischen Raum und der permanenten Bedarfsorientierung an den Familien konstatieren. Als hilfreich erweisen sich reflexive Angebote wie Coaching, Supervision und externe Fortbildungen. Im Kontext der Sozialraumorientierung finden sich erste eigenständige Forschungsaktivitäten, teilweise in Kooperation mit Hochschulen und deren Angehörigen. Die Programm- und Angebotsvielfalt in den einzelnen Familienzentren ist beachtlich; diese zu organisieren ist in der Regel eine zusätzliche Aufgabe von Leitungskräften und Koordinatorinnen. Ohne Anspruch auf Vollständigkeit bieten Familienzentren folgende Angebote an:

- Achtsamkeitstraining
- Babysittervermittlung
- Babytreff
- Basar
- Begegnungscafe
- Beratung nach §8a SGB VIII („erfahrene Fachkraft")
- „Beratung zwischen Tür und Angel" zu Erziehungsfragen
- Bundesprogramm Sprache und Integration
- Cafe Kinderwagen/Frühe Hilfen
- Dolmetscherservice
- Eigenständige Gastronomie Im Familienzentrum
- Einzelberatung
- Elternabend zum Thema „Sexueller Missbrauch"

- Elternbildungsprogramme
- Eltern Café
- Elternfrühstück
- Eltern-Kind-Gruppe
- Elterntraining „KESS"
- Ergotherapie
- Ernährungsberatung
- Erste-Hilfe-Kurs für Eltern
- Familienpflegevermittlung
- Ferienbetreuung Grundschulkinder
- Flohmarkt
- Frauengruppe
- Friedenspädagogik
- Frühförderung
- Fußballmannschaft für Männer
- Geburtsvorbereitungskurs mit Familienhebamme
- Gewaltpräventionskurse
- Handarbeitskurs
- Hausaufgabenhilfe
- Herbstfest
- Hilfen für geflüchtete Familien
- Hilfeplankonferenzen nach § 36 SGB VIII
- Infoveranstaltung „Hygiene bei Kindern"
- Infoveranstaltung zum Thema „Familienrecht"
- Interkulturelle Krabbelgruppe
- Kinderflohmarkt
- Kindertagespflegevermittlung
- Kino für SeniorInnen
- Kochprojekt
- Krankengymnastik
- Kunstatelier
- Logopädie
- Mädchenflohmarkt
- Mittagstisch
- Mutter-Kind-Markt
- Nähkurs

- Naturpädagogik
- Neubürgerstammtisch
- PEKIP
- Projekt „alternative Bewegungsmöglichkeiten"
- Repaircafe
- Rückbildungsgymnastik
- Rucksacklotsenprojekt
- Spielgruppe
- Sprachanbahnungskurse
- Strickkurs für Frauen
- Tigerkidsprojekt mit AOK
- Turngruppe
- U3-Arbeitskreis
- Weihnachtsbasar
- Weihnachtsfest
- Wirtschaftliche Beratung/Schuldnerberatung
- „Wissenschaftsnachmittag" für Eltern und Kinder („kleine Forscher")
- Yogakurs
- Zuckerfest

Der skizzierte Leitungsalltag wird angesichts diffuser Aufgabenbeschreibungen und neuen Themen immer weniger plan- und steuerbar, führt zu chronischer Überlastungen von Leitungskräften und in der Folge nicht selten zu Stellenwechseln:

„Momentan ist die Herausforderung ähm, da wir ja einen Leitungswechsel haben, der M. wird den Kindergarten wechseln ..."
(Frau I 73-74).

„... ein großes Thema war in den vergangenen Jahren ähm unsere (k) unser Leitungswechsel. Also, wir hatten ähm die Leitung, die das Familienzentrum mitaufgebaut hat, ist dann nach zwei Jahren ja gegangen, dann haben wir eine neue Leitung bekommen, ähm wo wir festgestellt haben, ähm da passt es nicht zusammen, also da gab es unterschiedliche Vorstellungen auch in der Ausrichtung zum Beispiel was Familienzentrum angeht und ähm, mhm, dann

gab es nochmal einen Leitungswechsel, jetzt haben wir seid anderthalb Jahren einen neuen Leiter und es hat anderthalb Jahre jetzt auch wieder gut gedauert, ehe sowas gekommen ist, wie jetzt auch gut zusammengewachsen zu sein und jetzt auch gut zusammen zu arbeiten. Die Leitung hatte noch keine Vorerfahrung mit Familienzentren und ähm Early Excellence und auch mit Elementarpädagogik nicht ..." (Frau D 167-178).

„Ich möchte noch mehr delegieren im Bereich äh der Koordinatorin, weil wie gesagt, wenn eine Koordinatorin länger da ist, wird sie ja Aufgaben machen, die ich jetzt manchmal mitbegleite" (Frau M 377-379).

„Ich hab' noch keine Nachfolgerin und diese Familienzentrumsgeschichte, das ist so umfangreich ähm, dass ich ähm befürchte, diejenige, die da neu kommt, die muss sich da also (k), die muss sich einmal in das einarbeiten, was schon die normale Kindergartenarbeit ist und dann darüber hinau (k) hinaus noch in die Familienzentrumsarbeit und wenn wir da niemanden finden, der das schon mal mitgemacht hat, dann ist das mit Sicherheit eine absolute Überforderung" (Frau E 84-89).

Was fehlt, ist eine Professionalisierung des Alltäglichen. Im vorliegenden Datenmaterial wird der Alltagsbegriff umgangssprachlich benutzt. Ein wie auch immer gearteter Bezug auf den „Alltag", wie ihn Hans Thiersch (2014) in seiner Theorie der Lebensweltorientierung für die Soziale Arbeit entwickelt hat, ist in den Interviews nicht erkennbar. Durch die pragmatische Leitung des Familienzentrumsalltags sind Professionalisierungstendenzen zwar erkennbar, aber eher in Form von Handlungskompetenzen.

5.8 Professionelle Handlungskompetenzen

Professionelle Organisationen zeichnen sich dadurch aus, dass sie autonomes, kollegiales und wertgebundenes professionelles Handeln ermöglichen. Es unterscheidet sich von beruflichen Tätigkeiten durch die Kenntnis von exklusiven Wissensbeständen und eine eigenständige Professionsethik. In der Professionsforschung der Sozialen Arbeit dominiert aktuell ein reflexives Professionsmodell, das Wissen und Können im Kontext dialogischer Prozesse relationiert, reflexiv zueinander in Beziehung setzt (vgl. Dewe/Otto 2011, 1143 ff). Ein Indikator für die vorhandene Professionalität von Leitungskräften in Familienzentren ist somit der Umgang mit unterschiedlichen Wissensbeständen aus Sozialer Arbeit und Kindheitspädagogik. Tendenziell sind Wissensbestände und Methoden aus der Kindheitspädagogik eher dazu geeignet, den Binnenraum, die Binnenstruktur eines Familienzentrums professionell zu gestalten, während die Handlungskompetenzen aus der Sozialen Arbeit in der Netzwerkarbeit und in der Sozialraumorientierung hilfreich sind. Das dialogische Prinzip ist bei Leitungen aus beiden Professionen fest verankert, während Selbstreflexivität als Bestandteil von Professionalität wenig ausgeprägt bleibt.

In Nordrhein-Westfalen fehlt der reflexive Umgang mit Wissensbeständen als Teil professioneller Organisationen erkennbar. Durch die Vorgaben des Gütesiegels sind Familienzentren extrem bürokratisiert, das Handeln der Mitarbeiterinnen und Mitarbeiter wird fremdbestimmt und die spezifische Wissensbasis von Familienzentren schimmert allenfalls an einigen Stellen durch, ohne dass sie wirklich transparent wird:

„Wir haben ja hier bei der Fusionierung auch mit dieser Sinus-Milieustudie gearbeitet und dann hatten wir noch den Familienbericht der Stadt P. hinzugenommen ..." (Frau I 95-96).

Im Grunde handelt es sich bei dem Gütesiegel und der Zertifizierung um eine Form der externen Qualitätssicherung; in den Daten finden sich kaum Indikatoren für professionelles Handeln, jedoch wird eine Professionalisierungsbedürftigkeit im Einzelfall durchaus konstatiert:

„... wir haben ja Erzieherinnen, die schon sehr lange in dem Job sind, das heißt sie haben ja ne Ausbildung und Fortbildung auch in den letzten Jahren gehabt, die ähm sich stark darauf konzentriert haben, wie gestalte ich den pädagogischen Alltag mit Angeboten, aber es gibt ja sehr wenig Angebote für die pädagogischen Fachkräfte, die mal den Horizont verlassen hier, mal außerhalb zu gucken, wie funktioniert was und was hat das mit mir zu tun, mit meinem Engagement, wie kann ich das machen ..." (Frau I 130-135).

Gewünscht werden von den Befragten Möglichkeiten der Reflexion, des Innehaltens in Form von Supervision oder Coaching - nicht nur in der Aufbauphase von Familienzentren:

„Zum Glück wurden wir gecoacht, was also sehr, sehr gut war fand ich..." (Frau L 30-31).

„Wir hatten auch nen Coach (..) ähm in M., wo wir öfters hingefahren sind, das wir da mal geguckt haben und sie ist auch ins Team gekommen und hat nochmal geguckt ob alle Kriterien erfüllt sind, wenn es darum ging äh ja zur Zertifizierung ..." (Herr G 49-51).

„Was ich mir gewünscht hätte ähm (..) ja, ich hätte jetzt beinahe gesagt schon son, son (..) Sozialcoach an der Seite (,) also so zu mindestens einen, mit dem man immer Mal so aus dem sozialen Bereich reflektieren kann und der einem vielleicht nochmal so Zusammenhänge ähm aus der Soziallandschaft erzählt und erläutert" (Frau H 48-52).

In der Pilotphase des Landesprojektes Nordrhein-Westfalen erhielten alle angehenden Familienzentren einen Coach vom Land finanziert, danach mussten die zukünftigen Familienzentren Coachings aus ihrem eigenen Budgets bezahlen. Reflexivität ist somit in der Konzeption des Landesprogramms als professioneller Standard angedacht, verkommt in der Praxis leider allzu oft zu einer reinen Vorbereitung auf die Zertifizierung. Coachingthemen gäbe es für Leitungen und Teams genug - erinnert sei an Teamkonflikte, Zeitmanagement, ethische Grundhaltungen oder persönliche Kompetenzprofile.

In Niedersachsen wird in etlichen Familienzentren durch den Rückgriff auf potentiell vorhandenes autonomes Wissen - das Early Excellence Konzept - ein Schritt in Richtung Professionalisierung gemacht, indem systematisch Wissen und Handeln miteinander verknüpft werden. Der EEC-Ansatz enthält zudem eine eigene berufsethische Basis in Form von verbindlichen Leitgedanken:

„... und grundsätzlich wir einfach durch EEC auch nochmal so Qualitätskriterien haben, die uns die Arbeit eigentlich erleichtern,

und trotzdem wertvoll und auch wissenschaftlicher basiert ist ... (Frau M 36-38).

„... da hätte ich mir gewünscht auch, dass mein Träger noch ein Stück mehr noch in den EEC guckt. Also die haben schon ganz viel gelernt EEC die wissen eigentlich auch Familienzentrum, was es ist ..." (Frau M 81-83).

„... im April 2013, ähm konnte ich gleich eine Fortbildung mitmachen in O. .... (-) ich weiß es nicht genau, zu dem Thema Familienzentrum Early Excellence. Das waren (..) ähm (... ...) drei mal zwei Tage (-) und ähm ja das hat mir denn schon die Arbeit der Familienzentren gut hergeführt" (Frau A 32-36).

„Also das was wir jetzt erarbeiten müssen, ist ähm uns den Early Excellence mehr zu nähern ..." (Frau J 94-96).

Im Falle des Familienzentrums von Frau J. ist das Early Excellence Konzept von der Kommune verbindlich festgelegt worden:

„... ich denke so langfristig werden wir uns in dem Bereich Early Excellence einfach da auch nochmal nach und nach annähern, aber ich mag es nicht, dass von außen so ein, ein Thema übergestülpt wird und ich muss den Erziehern vermitteln ab heute arbeiten wir so, weil das klappt nie, das wird nie klappen von daher bin ich ganz dankbar, dass wir im Vorfeld in diesen Prozess schon hineingegangen sind und uns diesem Thema so nach und nach widmen können. Ich weiß, dass die Stadt P. das nicht ganz so gerne sieht, aber ich halte das für wesentlich sinnvoller, dass es wirklich gelebt wird, ja also das gemacht wird ähm u (k) und die Erzieher auch diese Handlungskompetenz für sich entwickeln ..." (Frau J 102-108).

Im weit fortgeschrittenen Familienzentrum von Frau M. trägt der EEC-Ansatz bereits zur Professionalisierung in Form eines spezifischen Beobachtungsverfahrens nach dem EEC-Konzept bei:

„Auch die Beobachtungen sind ganz toll. Die Beobachtungen sind ein neues Thema, Beobachtungen (k) genau Beobachtung EEC machen wir ja schon ähm in Bezug auf die einzelnen Kinder auch

eben mit. Einmal in der Woche tauschen die Begleiterzieher sich aus" (Frau M 172-174).

Die Daten lassen erkennen, dass die Entwicklung professionellen Handelns eher in Niedersachsen als in Nordrhein-Westfalen vorhanden ist. Dort spielen Qualitätssicherungsmotive in Form des Gütesiegels eine viel größere Rolle als das Bestreben nach professioneller Autonomie von Leitungskräften und Teams. Gleichwohl schätzen Vertreterinnen beider Konzepte das hohe Maß an Unabhängigkeit, das sie in Familienzentren genießen und welches für die eigene Berufszufriedenheit sehr bedeutsam ist.

Ein Abgleich der empirischen Befunde mit dem Handlungskompetenzmodell von Maja Heiner, der Core Studie, dem Kompetenzmodell der „Weiterbildungsinitiative frühpädagogische Fachkräfte" sowie dem Sozialmanagementmodell von Joachim Merchel soll die bereits vorhandenen Handlungskompetenzen und potentiellen Entwicklungsbedarfe von Leitungskräften in Familienzentren zusammenfassen.

5.8.1 Kompetenzen nach dem Modell Maja Heiners

Maja Heiner unterscheidet zwischen bereichsbezogenen und kompetenzbezogenen Kompetenzmustern (S. 66 ff), die hier auf die vorliegenden empirischen Befunde übertragen werden sollen. Es handelt sich dabei nicht um spezifischen Leitungskompetenzen, dennoch können sie als Indikator für professionelles Handeln in der Sozialen Arbeit verstanden werden Zur „Selbstkompetenz" zählt sie persönliche „Einstellung, Haltung, Qualifikation, Motivation" (S.12). Die interviewten Leitungskräfte zeigen eine ausgesprochen hohe Motivation für ihre Tätigkeit, obschon sie teilweise zunächst überhaupt nichts mit der „Organisationsform" Familienzentrum anfangen können. Ihre Motivation ist unabhängig von der beruflichen Qualifikation und dem Bundesland feststellbar, entspringt vielmehr dem Wunsch, innovativ tätig zu werden. Explizit ethische oder fachliche Begründungen für die Entscheidung ein Familienzentrum aufzubauen, finden sich zu Beginn nur in Familienzentren nach dem Early Excellence Konzept. Diejenigen Leitungen, von denen die Initiative für den Aufbau eines Familienzentrums ausging, sind erkennbar besonders motiviert, nehmen Überstunden, fehlende sachliche

Ausstattung und unzureichende Rahmenbedingungen zumindest in der Aufbauphase in Kauf. Die autonomen Handlungsmöglichkeiten, die Ihnen ein Familienzentrum bietet, werden von ihnen so positiv eingeschätzt, dass selbst eklatante Defizite hingenommen werden. Ohne Übertreibung lässt sich sagen, dass Familienzentren ohne ausgesprochen motivierte Leitungskräfte nicht existieren könnten. Diese individuelle Stärke birgt allerdings die Gefahr unreflektierter Selbstausbeutung, führt tendenziell zu Überforderung und mangelnder Selbstsorge. Manifeste Burn-Out Tendenzen sind in den vorliegenden Daten erstaunlicherweise nicht nachweisbar, jedoch deuten vermehrte Stellenwechsel in diese Richtung. Offen bleibt die Frage, an welcher Stelle der Punkt erreicht ist, in dem die immer neuen Aufgaben, die permanente Steigerung der Alltagskomplexität durch externe Anforderungen, nicht mehr zu bewältigen ist. Selbstreflexion in Form von Coaching oder Supervision wird bislang nur in der Aufbauphase in Anspruch genommen; im laufenden Betrieb wäre sie kontinuierlich als Einzelsupervision erforderlich. Bemerkenswerterweise werden diese professionellen Unterstützungsangebote von Leitungskräften für sich selbst nicht eingefordert, wohl aber für Teams. Sie fühlen sich für alles verantwortlich, nur nicht für das eigene Wohlergehen, lässt sich zugespitzt formulieren.

Fallkompetenzen sind bei Familienzentrumsleitungen weniger gefordert, da die unmittelbare Arbeit mit Kindern und Familien nicht zum Leitungsalltag gehört. Indirekt erfolgt Fallarbeit aber in informellen Kontexten („Beratung zwischen Tür und Angel"), werden Leitungen in unterschiedlichsten Kontexten immer wieder in Fälle eingebunden. Im Early Excellence Ansatz gestaltet sich die Situation durch den Einsatz des spezifischen Beobachtungsverfahrens etwas anders, da die Auswertung und Analyse der Beobachtungen fallspezifisch auch im Team erfolgt. Die Differenzierung von Familienzentrumsleitung und Kindertageseinrichtungsleitung ist hier nur schwer vorzunehmen, konzeptionell auch nicht immer so gewollt.

Maja Heiner nennt als dritte bereichsbezogene Kompetenz die Systemkompetenz. Sie umfasst Angebotsvermittlung, Koordination der Kontakte zu anderen Organisationen sowie Organisationsentwicklung. Diese Teilkompetenz findet sich nahezu idealtypisch bei allen Befragten wieder. Sie beinhaltet Kontaktgestaltung zur Kommunalpolitik, Kommunalverwaltung und Trägervertretern, nicht zuletzt, um die Finanzierung und Konzeption im politischen Raum durchzusetzen. Weiter gehören zur Systemkompetenz die Koordination von Netzwerken, der Kontaktaufbau zu potentiellen Kooperationspartnern, die Gestaltung von Teamentwicklung sowie in besonderem Maße die Bereitstellung von gewünschten Angeboten für Kinder und Familien. Der Teilbereich „Systemkompetenz" ist für das Gelingen von Familienzentren unentbehrlich. Nicht alle Leitungen verfügen bereits über ein entsprechendes persönliches Profil, sondern eignen sich Systemkompetenzen autodidaktisch an. Unterstützung seitens der Träger wird vielfach vermisst, ein Manko, das in Nordrhein-Westfalen durch umfangreiche Fortbildungsangebote - koordiniert durch das Institut für Soziale Arbeit (ISA) in Münster - überzeugend kompensiert wird. So wird aktuell ein Zertifikatskurs „Nachhaltiges Management von Familienzentren" angeboten, in dem u.a. „die Steuerung komplexer Planungs- und Kooperationsprozesse" Teil des Programms ist.[5] Das Landesjugendamt und die Wohlfahrtsverbände bieten ähnlich fundierte Fortbildungen für Leitungskräfte an.

Bei der Übertragung der prozessbezogenen Kompetenzmuster auf Familienzentrumsleitungen ist zunächst die Ebene der „Analyse- und Planungskompetenz zu betrachten. Maja Heiner versteht darunter die Teilkompetenzen „Beobachtungskompetenz, Recherchekompetenz, Erklärungskompetenz, Prognosekompetenz" (S. 66). Sie ordnet Ihnen Anwendungsbereiche zu, wobei die fallbezogenen Kompetenzen in Familienzentren nur im Rahmen des Beobachtungsverfahren im Early Excellence Ansatz ins Gewicht fallen. Anders sieht es bei den organisationsbezogenen Teilkompetenzen aus: Jedes Familienzentrum benötigt ein eigenständiges Konzept, das es gemeinsam im Verbund von Trägern, Teams, Eltern und Kooperationspartnern zu entwickeln gilt. Leitungskräfte sehen sich oft in der Position, sich zunächst einmal selbst entsprechendes Wissen zu besorgen und anzueignen. Der Wissenstand ist zu Beginn eher defizitär, wird aber durch externe Fortbildungen und Coachings schnell kompensiert. Aufgabe der Leitungen ist es im zweiten Schritt, Teams und Eltern von der Idee der Familienzentren zu überzeu-

---

[5] http://www.isa-muenster.de/cms/upload/pdf/Zertifikatskurs-2016.pdf

gen. Nicht selten treffen sie in dieser Phase auf ambivalente Einstellungen oder gar Widerstände, da befürchtet wird, dass neben der traditionellen Kita-Arbeit zusätzliche Aufgaben entstehen und die Kinder möglicherweise zu kurz kommen. Das Wissen über Familienzentren und der systematische Transfer in die Teams vor Ort ist eine professionelle Herausforderung, die sich noch in der Entwicklung befindet.

Neben der Konzeptionsentwicklung ist die eigentliche Projektentwicklung eine der Kernkompetenzen in diesem Arbeitsfeld. Wie intensiv sie angegangen wird, ist wesentlich von den finanziellen, personellen und räumlichen Rahmenbedingungen abhängig und variiert sehr stark zwischen einzelnen Kommunen. Im nordrhein-westfälischen Landesprojekt ist ein relativ starrer Organisationsrahmen vorgegeben, der auf der einen Seite Standardisierung und Vergleichbarkeit landesweit gewährleistet, andererseits in der Umsetzung wenig Spielraum für regionale Spezifika bietet. Anforderungsprofile von Familienzentren im eher ländlichen Raum können in der Projektentwicklung nur unzureichend berücksichtigt werden, da sich alle Aktivitäten am städtisch geprägten Gütesiegel orientieren. Die Zertifizierung steht im Vordergrund des Leitungshandelns. Als ausgesprochen hilfreich hat sich in Nordrhein-Westfalen die Bildung einer Steuerungsgruppe erwiesen. In ihr werden in regelmäßigen Abständen mit den wichtigsten Akteuren die anstehenden Aufgaben des Familienzentrums besprochen. Die personelle Kontinuität in diesem Gremium gewährleistet eine dauerhafte Arbeitsfähigkeit des Familienzentrums und entlastet die Leitungskräfte deutlich. In Niedersachsen sind Steuerungsgruppen nicht überall etabliert, werden im Einzelfall nicht für notwendig erachtet, da die wesentliche Arbeit von den Leitungskräften mit entsprechender Stundefreistellung ja gemacht wird.

Die Ebene der „Interaktions- und Kommunikationskompetenz" beschreibt ziemlich präzise einen Großteil des Alltagsmanagements in Familienzentren. Leitungen gestalten ihren Arbeitsalltag mit Beziehungsarbeit auf den unterschiedlichsten Ebenen. Die von Maja Heiner exemplarisch genannten Anwendungsbereiche „Anleitung, Information, Beratung, Alltagsbegleitung, Alltagsstrukturierung, Verhandlung, Gesprächsführung, Moderation etc." (S. 66) finden sich mit Ausnahme von „Mediation und Gruppenleitung" in den Interviewpassagen dieser Studie wieder. Die Alltagsgestaltung gelingt den Leitungskräften im persönlichen Kontakt am besten, unterscheidet sie sich doch nur wenig von Tätigkeiten als Sozialarbeiterin oder Kindheitspädagogin.

Etwas anders sieht es schon bei der Reflexions- und Evaluationskompetenz aus. Jenseits der fallspezifischer Reflexionskompetenzen wie kollegialer Beratung, Fallverstehen oder Entwicklungsdokumentationen wird systematisches Evaluationswissen erwartet. In Nordrhein-Westfalen ist der Gütesiegel der entsprechende Maßstab, während in Niedersachsen unterschiedliche Anforderungen an die Leitungen gestellt werden. Die Vorbereitung und Durchführung der Zertifizierung erfordert ein sehr hohes Maß an fachlichen, organisatorischen und dokumentatorischen Fähigkeiten, die oft erst in Form von Fortbildung oder Coaching erworben werden müssen. Schwierigkeiten bereitet regelmäßig die Beschreibung und Analyse des Sozialraums. Hier fehlen methodische Kenntnisse aus dem Kontext der Sozialraumorientierung. In Einzelfällen übernehmen Studierende der Sozialen Arbeit diese Aufgaben, da sie zumindest über grundlegende Kenntnisse sozialräumlichen Arbeitens und empirischer Sozialforschung verfügen. In Niedersachsen sind durch den Early Excellence Ansatz bestimmte Standards vorgegeben, jedoch mangelt es dort ebenfalls an Expertise im Hinblick auf Bedarfsfeststellung und sozialräumlichem Arbeiten. Eine der zentralen Fragen in beiden Bundesländern kehrt immer wieder: Wie schaffen wir es, Familien für unsere Angebote zu gewinnen? Hilfreich wäre hier die Kenntnis von sozialräumlichen Konzepten wie sie u.a. Ulrich Deinet (2009) unter dem Oberbegriff „Aneignung" vertritt. In den Daten sind keine Belege vorhanden, dass Leitungskräfte Wissensaneignung in dieser Richtung fördern. Die Reflexion eigenen Handelns in Form von Supervision ist in beiden Bundesländern ebenfalls kaum anzutreffen. Lediglich Coaching wird in der Aufbauphase von Familienzentren und vor der Zertifizierung angeboten. Coachingprozesse haben aber oft instrumentellen Charakter, dienen weniger der eigenen Entlastung und der Selbstreflexion.

5.8.2 Kompetenzen nach dem CoRe-Modell

Der Professionsbegriff im CoRe-Modell ist eher schwammig, wird nur ungenau zum Qualitätsbegriff abgegrenzt; es kann insofern besser als Kompetenzmodell bezeichnet werden. Diese Unschärfe ist in der Kindheitspädagogik nicht ungewöhnlich, wie Werner Thole konstatiert, da klassische Professionsmerkmale nicht auf die dortigen Beschäftigten zutreffen, sondern Professionalität eher individuell fall- und feldbezogen verstanden wird (2008, S. 273 ff). Die erste Ebene im CoRe-Kompetenzmodell betrifft die individuelle Persönlichkeit der Leitungen von Familienzentren. Bei nahezu allen Interviewpartnern handelt es sich um hochmotivierte, durchsetzungsstarke Persönlichkeiten, in den berufliche Erfahrung, Lebenserfahrung und der Wunsch nach Innovationen in der eigenen Einrichtung stark ausgeprägt sind. Selbst da, wo die Initiative für ein Familienzentrum nicht von den Leitungen ausging, sind diese Persönlichkeitsmerkmale deutlich wahrnehmbar. Individuelle Stärken sind hohe Stressresistenz und die Fähigkeit, komplexe Situationen und Anforderungen handhaben zu können. Reflexivität, verstanden als biografische Vergewisserung eigenen professionellen Handelns, ist hingegen deutlich weniger anzutreffen. Überlastung und Überstunden als Folge unzureichender individueller Abgrenzung gegenüber Trägern, Politik, Teams, Kooperationspartnern und Familien sind als Ausdruck fehlender Selbstsorge zu verstehen.

Auf der Ebene von Institutionen und Teams sind die befragten Leitungskräfte gut aufgestellt. Die Einbindung der Teams in die neuen Aufgaben erfolgt souverän, obschon im Einzelfall doch erhebliche Bedenken gegen die Entwicklung zum Familienzentrum geäußert werden. Unklar bleibt die Rolle der Fachberatungen; in den Daten spielen sie überhaupt keine Rolle. Im CoRe-Modell werden sie als „binnenraumbezogenes, kollegiales bzw. supervidierendes Angebot" (Friederich/Schoyerer S. 55) verstanden. Auf der interinstitutionellen Ebene gelingt es nach anfänglichen Widerständen, Trägervertreter und Eltern für die Familienzentrumsidee zu gewinnen. Besondere Kompetenz zeigt sich in der Gewinnung und Kooperation von Netzwerkpartnern. Die letzte Modellebene betrifft die politischen Rahmenbedingungen für Familienzentren. Die Durchsetzung angemessener finanzieller, zeitlicher und räumlicher Standards variiert sehr stark, wobei in Nordrhein-Westfalen die finanziellen Rahmenbedingungen landesweit nicht verhandelbar sind. Neue sozialpolitische Herausforderungen wie die Arbeit mit geflüchteten Familien übernehmen Leitungskräfte quasi selbstverständlich, kommen dabei aber zunehmend an ihre Leistungsgrenzen. Leitungsstellen in

Familienzentren haben ein hohes Sozialprestige, das sich (noch) nicht immer in entsprechender Bezahlung ausdrückt. Es fehlt derzeit an fundierten Stellenbeschreibungen für Leitungen und Koordinatorinnen; die erforderliche formale Qualifikation für diese Stellen bleibt weiterhin unklar, reicht von der klassischen Erzieherin bis hin zur Universitätsabsolventin.

5.8.3 Kompetenzprofil Weiterbildungsinitiative "WiFF"

Die beschriebenen acht Handlungsanforderungen dieses Models werden in weiten Teilen durch die vorliegenden Daten bestätigt. Unterschiede gibt es bei der Beteiligung von Kindern sowie der Einbindung des Familienzentrums in Qualitätsentwicklungsverfahren. Wünsche und Bedürfnisse von Kindern werden nicht systematisch kindgerecht erhoben, vielmehr erscheinen Familienzentren in beiden Bundesländern sehr erwachsenenzentriert, Bedarfsabfragen werden entsprechend gestaltet. Die zentrale Frage, ob Kinder überhaupt ein Familienzentrum wollen, wird erst gar nicht gestellt.[6]

Eine systematische Verknüpfung von Qualitätsmanagementsystem und Familienzentren wird durch die Interviews und sonstigen Daten nicht bestätigt. In Nordrhein-Westfalen wird das Gütesiegel implizit als Qualitätsstandard, den es zu erfüllen gilt, gesehen, während in Niedersachsen ansatzweise die Zertifizierung nach dem Early Excellence Konzept diese Funktion erfüllt. Möglicherweise erschwert die doppelte Organisationsstruktur „Kindertageseinrichtung und Familienzentrum" die Einbindung in trägerspezifische Qualitätsmanagementsysteme.

5.8.4 Kompetenzprofil Sozialmanagement

Die interviewten Leitungskräfte verstehen ihre Tätigkeit geradezu selbstredend als Management. Inwieweit stimmen diese Einschätzungen mit Kompetenzprofilen aus dem Sozialmanagement überein? Der Abgleich mit dem Kompetenzprofil von Joachim Merchel (2015) soll dazu

---

[6] So erhielt der Verfasser im Rahmen eines Coachings in einem Familienzentrum von Kindern die sinngemäße Antwort, „Familienzentrum ist blöd, da sind unsere Eltern jetzt auch morgens da ... ich will aber auch mal meine Ruhe vor denen".

Einschätzungen liefern. Zunächst ist festzustellen, dass die befragten Leitungskräfte Tätigkeiten in allen fünfzehn Feldern des Kompetenzprofils ausführen, allerdings in sehr unterschiedlicher Intensität. Ein Schwerpunkt liegt in der Organisationsentwicklung zum Familienzentrum, wobei zu berücksichtigen ist, dass im Grunde genommen Kindertageseinrichtung und Familienzentrum als eigenständige Organisationen gemangt werden müssen, gleichwohl aber konzeptionell zusammengehören. Diese diffuse Organisationsstruktur erschwert die Steuerung- und Entwicklungsprozesse für Leitungen erheblich. Nicht zu trennen von der organisationsbezogenen Steuerung ist die fachliche Ebene, die neben unterschiedlichen Konzeptionen das Qualitätsmanagement und in Nordrhein-Westfalen das Zertifizierungsverfahren als Kernaufgaben beinhaltet.

Betriebswirtschaftliche Steuerung ist in Familienzentren nur bedingt möglich, sind doch die wirtschaftlichen Rahmenbedingungen politisch vorgegeben. Managementaufgabe kann es im Einzelfall jedoch sein, weitere Finanzierungsmöglichkeiten zu erschließen, um bestimmte Projekte zu ermöglichen. Rechnungswesen, Budgetierung und Controlling erfolgen in sehr unterschiedlicher Weise durch Familienzentrumsleitungen, werden oft durch übergeordnete Organisationseinheiten wahrgenommen. Betriebswirtschaftliche Steuerung ist die am wenigsten ausgeprägte Managementkompetenz in dieser Studie.

Personalmanagement und die Zusammenarbeit mit Ehrenamtlichen und Praktikanten nimmt einen zentralen Platz bei den Steuerungskompetenzen ein. Hier sind insbesondere kommunikative und motivierende Gesprächsführungskompetenzen gefragt, um Widerstände, Irritationen oder Überforderungen dialogisch zu bearbeiten. Geeignete Personalauswahl, umfangreiche Fortbildungsmöglichkeiten und Sicherstellung angemessener Arbeitsbedingungen (Räumlichkeiten!) sind Kernkompetenzen des Personalmanagements. Unklar ist derzeit noch, welche Berufsgruppen besonders für die Arbeit in Familienzentren geeignet sind, ein Thema, das angesichts von Fachkräftemangel zukünftig stärker in den Vordergrund treten wird.

Der Steuerung der Bezüge zur Umwelt kommt im Management von Familienzentren eine herausragende Bedeutung zu. Es buchstäblich existentiell notwendig, zu den unterschiedlichsten Organisationen und Personen aus Politik, Gesellschaft und Verbänden im Sozialraum Kontakte aufzubauen und zu gestalten. Kooperationen und Vernetzungen sind grundlegender Bestandteil von Familienzentrumsarbeit und erfordern hohe strategische und kommunikative Fähigkeiten. Ihr Gelingen hängt zum Großteil vom kompetenten Management dieser Beziehungen ab. Im nordrhein-westfälischen Modell sind nicht ohne Grund „Steuerungsgruppen" vorgesehen, die genau diese Funktion dauerhaft übernehmen sollen. Verantwortlich für deren Implementierung und dauerhafte Arbeitsfähigkeit sind die Familienzentrumsleitungen, evtl. unterstützt durch Trägervertreterinnen. Die Leitung von Familienzentren ist tatsächlich Management; Einschränkungen lassen sich allenfalls im Bereich der betriebswirtschaftlichen Steuerung feststellen.

6 Zusammenfassende Ergebnisse und Schlussfolgerungen

Die professionstheoretischen Ausführungen, die Handlungskompetenzmodelle und die empirischen Befunde erlauben es, abschließend politische, strukturelle und individuelle Voraussetzungen für ein gelingendes Komplexitätsmanagement von Familienzentren zu formulieren:

- *Der Aufbau und das Management von Familienzentren erfordert ein hohes Komplexitätsbewusstsein bei allen Beteiligten*
- *Träger, Politik und Öffentlichkeit wollen von der Familienzentrumsidee überzeugt werden*
- *Leitungskräfte müssen systematisch auf ihre neue Aufgabe vorbereitet werden und die entsprechende Unterstützung von Trägern und Politik erhalten*
- *Familienzentrumsleitung ist Management pur*
- *Familienzentrumsleitung bedeutet im Kern Alltagsmanagement*
- *Familienzentrumsleitungen begreifen das Management von Komplexität als die zentrale Herausforderung*
- *Dort, wo Politik, Verwaltung und Träger Familienzentren von Beginn an konstruktiv unterstützen, gelingt deren Aufbau erheblicher einfacher*
- *Familienzentren sollten freiwillig entstehen und Leitungskräften nicht „verordnet" werden*
- *Externe Beratung für die Leitungsebene ist in der Aufbauphase unumgänglich. Als hilfreich haben sich Coaching, Supervision, Fortbildungen und Hospitationen erwiesen*
- *Bei der Besetzung von Leitungsstellen in Familienzentren spielt die formale Qualifikation keine wesentliche Rolle, Erfahrungen in Leitungspositionen jedoch schon*
- *Eine doppelte Leitungsaufgabe - Kindertageseinrichtung und Familienzentrum - führt zu Rollenkonflikten und latenter Überforderung*
- *Die Abgrenzung von Koordinationstätigkeiten und Leitungsaufgaben erweist sich als sinnvoll*

- *Freigestellte Leitungen sind Bedingung für professionelles Handeln in Familienzentren*
- *Kinder, Eltern und Teams müssen in einem dialogischen Prozess von Beginn an beim Aufbau eines Familienzentrums beteiligt sein*
- *Ohne Teams kann Familienzentrumsarbeit nicht gelingen*
- *Leitungskräfte haben einen guten Blick auf Überforderungstendenzen und Widerstände in Teams*
- *In Familienzentren zu arbeiten ist professionell anspruchsvoll und macht Spaß*
- *Familienzentren sind eine eigenständige Organisationsform und brauchen dementsprechend gute Rahmenbedingungen und Ausstattungen*
- *Geeignete Räumlichkeiten innerhalb und außerhalb der Kindertageseinrichtung sind absolut erforderlich*
- *Die finanzielle jährliche Förderung sollte in Anlehnung an niedersächsische Familienzentren mindestens 40.000 Euro betragen*
- *Supervision und Fortbildungen sind dauerhaft sicherzustellen*
- *Schlechte Rahmenbedingungen führen unweigerlich zu hoher Personalfluktuation in Teams und auf Leitungsebene*
- *Die Leitung eines Familienzentrums bedarf größtmöglicher Autonomie und Gestaltungsfreiheit*
- *Familienzentren arbeiten grundsätzlich sozialraumorientiert; Leitungen und Koordinatorinnen nehmen dabei eher die Kontakte im Stadtteil wahr, während Teammitglieder den Ort „Kindertageseinrichtung" mit seiner näheren Umgebung vorrangig als Sozialraum verstehen*
- *Leitungsarbeit ist Netzwerkarbeit und Zusammenarbeit mit Kooperationspartnern*
- *Leitungskräfte brauchen Kompetenzen und Wissensbestände aus Sozialer Arbeit und Kindheitspädagogik*
- *Forschungskompetenzen erleichtern Sozialraumanalysen und Bedarfsermittlung*
- *Leitungskräfte stehen in engen Kontakten zu Kommunalpolitik und Verwaltung*
- *Das Kompetenzprofil von Leitungen in Niedersachsen und Nordrhein-Westfalen unterscheidet sich kaum; lediglich die Vorberei-*

tung der Zertifizierung nach den Gütesiegelkriterien erfordert erhebliche zusätzliche Arbeit

Welchen professionellen Herausforderungen werden sich Familienzentrumsleitungen zukünftig noch stärker widmen müssen? Aus professionstheoretischer Sicht vorrangig bleibt die Frage, wie Wissensbestände aus Kindheitspädagogik und Sozialer Arbeit systematisch in die eigene Organisation eingebracht werden können. Hier ist in Nordrhein-Westfalen deutlicher Nachholbedarf erkennbar; in Niedersachsen bietet der Early Excellence Ansatz gute Möglichkeiten, Wissen und Handeln miteinander in Einklang zu bringen. Das nordrhein-westfälische Modell mit seiner ausgeprägten Qualitätsfixierung bietet zwar einerseits Sicherheit und Vergleichbarkeit durch die Orientierung am Gütesiegel, verhindert dadurch andererseits aber den neugierigen Blick über den Tellerrand des eigenen Familienzentrums. Eng verbunden mit dem Stellwert eigner Wissensbestände sind grundlegende ethische Fragestellungen im Kontext dieses Arbeitsfeldes. Sie werden bislang nur indirekt problematisiert, jedoch deuten sich potentielle Fragestellungen in der Handlungspraxis vor Ort bereits an:

- Wie gehen Leitungen mit immer neuen Aufgaben um (z.B. Arbeit mit geflüchteten Menschen)?
- Werden Kinder eigentlich zu ihren Wünschen hinsichtlich Familienzentren ernst genommen?
- Sind Familienzentren „weiche" Kontrollinstanzen (z.B. bei Kindeswohlgefährdung)?
- Werden durch Sozialraumanalysen oder Bedarfsabfragen Lebenswelten und Sozialräume unbeabsichtigt „kolonialisiert"?
- Wie kann Überforderung und Selbstausbeutung von Leitungen und Teams verhindert werden?
- Wie gehen Leitungen mit Konkurrenz unter den Kooperationspartnern um?

Zur Klärung ethischer, methodischer und professioneller Fragen sind kontinuierliche Reflexionsmöglichkeiten in Form von Supervision oder Coaching zu etablieren. Sie gelten als Standard eines sich professionalisierenden Handlungsfeldes, scheitern aber oft an der fehlenden Finanzierung. Managerinnen von Familienzentren dürfen die Sicherstellung professioneller Standards durch Träger und Kommunen erwarten, ja müssen sie sogar einfordern. Die Alternative wäre ein lustloses Abarbeiten von vorgegebenen Konzepten oder Qualitätsstandards, wie in Teilen Nordrhein-Westfalens nach mittlerweile zehn Jahren Landesprogramm gelegentlich zu beobachten ist. In der Aufbauphase profitieren Familienzentren vom ungeheureren Engagement der Leitungskräfte, die weit über ihre persönlichen Grenzen hinausgehen. Dauerhaft gesehen ist dieser Arbeitsstil nicht durchzuhalten; es bedarf vielmehr eines selbstreflexiven Managementstils, der den Wünschen und Bedürfnissen von Eltern, Kindern, Kooperationspartnern, Mitarbeiterinnen, und kommunaler Öffentlichkeit Rechnung trägt, ohne sich selbst zu verlieren.

Literatur

Betz, Tanja/Cloos, Peter (Hrsg.) (2014): Kindheit und Profession. Konturen und Befunde eines Forschungsfeldes. Weinheim und Basel

Breuer, Franz (2009): Reflexive Grounded Theory. Eine Einführung für die Forschungspraxis. Wiesbaden

Bundesministerium für Familie, Senioren, Frauen und Jugend (Hrsg.) (2005): Auf den Anfangkommt es an! Perspektiven zur Weiterentwicklung des Systems der Tageseinrichtungen für Kinder in Deutschland. Weinheim, Basel, Berlin

Busse, Stefan/Ehlert, Gudrun/Becker-Lenz, Roland/Müller-Hermann, Silke (Hrsg.): Professionalität und Organisation. Wiesbaden

Cloos, Peter (2016): Professionalisierung der Kindertagesbetreuung. Professionstheoretische Vergewisserungen. In: Friederich, Tina et al. (Hrsg.): Kindheitspädagogik im Aufbruch. Profession, Professionalität und Professionalisierung im Diskurs. S.18-37

Deinet, Ulrich (Hrsg.) (2009): Methodenbuch Sozialraum. Wiesbaden

Deutsches Jugendinstitut (2004) (Hrsg.): Rechercheberiht Häuser für Kinder und Familien. München

Deutsches Jugendinstitut (2005) (Hrsg.): Eltern-Kind-Zentren. Die neue Generation kinder- und familienfördernder Institutionen. München

Dewe, Bernd, Otto, Hans-Uwe (2011): Profession. In: Otto, Hans-Uwe, Thiersch, Hans (Hrsg.): Handbuch Sozialarbeit/Sozialpädagogik.4., völlig neu bearbeitete Auflage. München,Basel, S. 1131-1142.

Diller, Angelika/Scheller, Regine (2013): Wichtige Kompetenzen der Leitung im Prozess. In: Kindergarten heute: Sonderheft Management kompakt. Themenheft zu Methoden und Organisation. Freiburg, S. 37-44

Drosten, Rabea (2015): Familienzentren - von der Idee zum Konzept. Hamburg

Engelhardt, Heike (Hrsg.) (2015): Auf dem Weg zum Familienzentrum. Voraussetzungen, Strukturen, Konzepte und Praxisbeispiele. Freiburg, Basel, Wien

Engelhardt, Heike (2015): Professionalisierung der pädagogischen Fachkräfte in und um Familienzentren. In: Engelhardt, Heike (Hrsg.): Auf dem Weg zum Familienzentrum. Voraussetzungen, Strukturen, Konzepte und Praxisbeispiele. Freiburg, Basel, Wien, S. 129-139

Fürst, Roland/Hinte Wolfgang (Hrsg.) (2014): Sozialraumorientierung. Ein Studienbuch zu fachlichen, institutionellen und finanziellen Aspekten. Wien

Glaser, Barney G./Strauss, Anselm L. (1967): The discovery of grounded theory. Chicago

Friederich, Tina/Lechner, Helmut/Schneider, Helga/Schoyerer, Gabriel/Ueffing, Claudia(Hrsg.) (2016): Kindheitspädagogik im Aufbruch. Profession, Professionalität und Professionalisierung im Diskurs. Weinheim und Basel

Friederich, Tina/Schoyerer, Gabriel (2016): Professionalisierung des Systems Kindertagesbetreuung. Zum Verhältnis von Fachkräften, Strukturen und Kontexten.In: Friederich, Tina et al. (Hrsg.): Kindheitspädagogik im Aufbruch. Profession, Professionalität und Professionalisierung im Diskurs. Weinheim und Basel. S. 64-79

Harmsen, Thomas (2016): Familienzentren im Landesprogramm NRW - innovative Organisationsformen oder normierte Pseudoprofessionalität? In: Busse, Stefan/ Ehlert, Gudrun/ Becker-Lenz, Roland/ Müller-Hermann Silke (Hrsg.): Professionalität und Organisation. Wiesbaden, S. 113-126

Heiner, Maja (2010): Kompetent handeln in der Sozialen Arbeit. München, Basel

Hinte, Wolfgang (2014): Das Fachkonzept „Sozialraumorientierung" - Grundlage und Herausforderung für professionelles Handeln. In: Fürst, Roland/Hinte, Wolfgang (Hrsg.): Sozialraumorientierung. Ein Studienbuch zu fachlichen, institutionellen und finanziellen Aspekten. Wien, S. 9-28

Jares, Lisa (2016): Kitas sind (keine) Inseln. Das sozialräumliche Verständnis von traditionellenKindertageseinrichtungen und Familienzentren NRW. Münster, New York

Kleve, H. (1999): Postmoderne Sozialarbeit. Aachen

Kleve, H. (2000): Die Sozialarbeit ohne Eigenschaften. Fragmente einer postmodernen Professions- und Wissenschaftstheorie Sozialer Arbeit. Freiburg

Maykus, Stephan (2013): Interprofessionalität in der Kinder- und Jugendhilfe. In: Wulfekühler, Hildrun/Wiedebusch, Silvia/Maykus, Stephan/Rietmann, Stephan/Renic, Marijan (Hrsg.):Interprofessionalität in der Tagesbetreuung. Module zur Gestaltung von Netzwerkpraxis. Wiesbaden, S. 13-40

Ministerium für Generationen, Familie, Frauen und Integration des Landes NRW (Hrsg.) (2007): Das Gütesiegel Familienzentrum NRW. Zertifizierung der Piloteinrichtungen. Düsseldorf

Merchel, Joachim (2015): Management in Organisationen der Sozialen Arbeit. Eine Einführung. Weinheim und Basel

Oevermann, Ulrich (2002): Professionalisierungsbedürftigkeit und Professionalisiertheit pädagogischen Handelns. In: Kraul, Margret/Marotzki, Winfried/Schweppe, Cornelia (Hrsg.): Biographie und Profession. Bad Heilbrunn, S. 19-63

Ruppin, Iris (Hrsg.) (2015): Professionalisierung in Kindertagesstätten. Weinheim und Basel

Schleevogt, Vanessa/Vogt, Herbert (Hrsg.) (2014): Wege zum Kinder- und Familienzentrum.Ein Praxisbuch. Berlin

Schütze, Fritz. (1992): Sozialarbeit als „bescheidene" Profession. In: Dewe, Bernd/Ferchhoff, Wilfried/Radtke, Franz-Olaf (Hrsg.): Erziehen als Profession. Opladen, S. 132-170

Stöbe-Blossey, Sybille (2013): Familienzentren - die Sicht der Leiterinnen. Komprimierte Ergebnisse von Interviews mit Familienzentrumsleitungen. In: Landschaftsverband Westfalen-Lippe (Hrsg.): Jugendhilfe Aktuell 2.2012, S. 18-22

Strauss, Anselm L./Corbin, Juliet (1996): Grounded Theory: Grundlagen qualitativer Sozialforschung. Weinheim

Strauss, Anselm L. (1994): Grundlagen qualitative Sozialforschung. Datenanalyse und Theoriebildung in der empirischen und soziologischen Forschung. München

Strobl, Rainer/Böttger, Andreas (Hrsg.) (1996): Wahre Geschichten? Zur Theorie und Praxis qualitativer Interviews. Baden-Baden

Strübing, Jörg (2008): Grounded Theory. Zur sozialtheoretischen und epistemologischen Fundierung des Verfahrens der empirisch begründeten Theoriebildung. 2., überarbeitete und erweiterte Auflage. Wiesbaden

Thiersch, Hans (2014): Lebensweltorientierte Soziale Arbeit. Aufgaben der Praxis im sozialen Wandel. 9. Auflage. Weinheim, München

Thole, Werner (2008): „Professionalisierung" der Pädagogik der Kindheit. In: Thole, Werner/Rossbach, Hans-Günther/Fölling-Albers, Maria/Tippelt, Rudolf (Hrsg.): Bildung und Kindheit: Pädagogik der Frühen Kindheit in Wissenschaft und Lehre.Opladen, S. 271-294

Tietze, Wolfgang (2009). Landesprojekt Familienzentren - Erfahrungen und Herausforderungen in wissenschaftlicher Perspektive. Vortrag auf dem Fachkongress Familienzentren Nordrhein-Westfalen am 12.5.2009 in Aachen. Verfügbar über: www.familienzentren.nrw/tagungsdokumentation.html; zuletzt aufgerufen am 22.02.2017.

Urban, Matthias/Vandenbroeck, Michel/Laere, Katrin van/Lazzari, Arianna/Peeters, Jan (2012): Towards Competent Systems in Early Childhood Education an Care. Implications for Policy and Practice. In: European Journal of Education, 47. Jg., H.4, S. 508-526

Witzel, Andreas (1996): Auswertung problemzentrierter Interviews. Grundlagen und Erfahrungen. In: Strobl, Rainer/Böttger, Andreas (Hrsg.): Wahre Geschichten? Zur Theorie und Praxis qualitativer Interviews. Baden-Baden, S. 49-75

Wulfekühler, Hildrun/Wiedebusch, Silvia/Maykus, Stephan/Rietmann, Stephan/Renic, Marijan (Hrsg.) (2013): Interprofessionalität in der Tagesbetreuung. Module zur Gestaltung von Netzwerkpraxis. Wiesbaden

Anhang

Transkriptionsregeln

(,) kurzes Absetzen innerhalb einer Äußerung
... Auslassung
() kurze Pause
(... ...) lange Pause
mhm Pausenfüller
(.) Senken der Stimme
(-) Stimme in der Schwebe
(k) korrigiert
(?) Unverständliche Äußerung
(Lacht) Ereignis
Ja betont

Qualifikationsprofile der interviewten Leitungskräfte (einschließlich Mehrfachqualifikationen)

Early Excellence Beraterin (zertifiziert)	1
Erzieherin	10
Fachwirtin Kindertagesstätte	1
Familienberaterin	1
Heilpädagogin	2
Psychologin	1
Sozialarbeiterin	1
Sozialmanagerin	3
Sozialpädagogin	1
Sozialwirtin	1
Sozialwissenschaftlerin	1